Lübbe

Die Zivilisationsökumene

Hermann Lübbe

Die Zivilisationsökumene

Globalisierung kulturell, technisch und politisch

Wilhelm Fink Verlag

Die Deutsche Bibliothek – CIP-Einheitsaufnahme

Die Deutsche Bibliothek verzeichnet diese Publikation in der
Deutschen Nationalbibliografie; detaillierte bibliografische Daten
sind im Internet über http://dnb.ddb.de abrufbar.

ISBN 3-7705-4204-5
© 2005 Wilhelm Fink Verlag, München
Einbandgestaltung: Evelyn Ziegler, München
Herstellung: Ferdinand Schöningh GmbH, Paderborn

Inhaltsverzeichnis

Vorwort

Das Kulturwissenschaftliche Institut Essen im Wissenschaftszentrum Nordrhein-Westfalen übertrug mir für die Dauer des Sommersemesters 2004 die Aufgaben eines Senior Fellows. Dafür habe ich dem Präsidenten des Kulturwissenschaftlichen Instituts, Herrn Prof. Dr. Jörn Rüsen, zu danken. Die öffentliche Antrittsvorlesung hielt ich am 17. Mai – zum Thema „Die Zivilisationsökumene. Globalisierung ökonomisch, kulturell und politisch". Der Text dieser Vorlesung wird hier mit drei Erweiterungen wiedergegeben. Die erste Erweiterung vergegenwärtigt neuzeitliche europäische Erfahrungen des geschlossenen Erdraums, die zu den Voraussetzungen und Begleiterscheinungen der Globalisierung gehören. Die zweite Ergänzung beschäftigt sich mit kulturevolutionären Folgen der Verwissenschaftlichung unserer Zivilisation. Eine dritte Erweiterung des Textes erörtert die neue Präsenz der Religionen als Faktoren internationaler Politik. Ein Nachwort erläutert abschließend den Begriffsnamen „Zivilisationsökumene".

Zürich, März 2005   Hermann Lübbe

1 Globalisierung oder die räumliche Schließung der Erde

1.1 Die räumliche Schließung der Erde im Spiegel der Verzeitlichung der Utopie

Die traditionsreiche Literaturgattung der Utopie tritt bekanntlich seit dem Beginn des 16. Jahrhunderts, seit Thomas Morus' berühmtem Werk, auch unter dem raumtheoretisch interessanten Namen „Utopie" auf. Inhaltlich handelt es sich zumeist um literarisch-fiktive Schilderungen einer besseren, ja vollkommenen Ordnung menschlichen Zusammenlebens – gemessen am anspruchsvollen Maßstab der großen Tugenden und der wichtigsten Güter von der Gerechtigkeit bis zum Frieden. Die Funktion der utopisch präsentierten Idealwelt war natürlich die eines Spiegels, in welchem die Gegenwart ihre moralischen und politischen Mängel erkennen sollte. Einen Vorschein der totalitären Konsequenzen philosophischer Vollkommenheitsideale boten die Utopien auch – bei Campanella zum Beispiel. So oder so: Ihren fiktiven, eben utopischen Ort hatten die Schilderungen idealer Zuständlichkeiten im fernen, unbekannten und in diesem Sinne als unzugänglich unterstellten Raum. Dafür boten sich vorzugsweise unentdeckte Inseln an, auf deren Existenz bei den Antipoden man gemäß neuen Erfahrungen mit der Hochseeschiffahrt schließen konnte – ein-

gebildet in die weißen Flecken, wie sie als kognitive
Leerstellen zum frühen Kartenbild der Erde gehörten.

Die ideale soziale Ordnung jenseits der Grenzen
der bereits befahrenen Welt – das ist das Atlantis-Mo-
tiv platonischer Herkunft. Die Raison der Projektion
politischer Vollkommenheit in den fernen, unbekannten Raum ist dabei nicht allein die der Verstärkung des
Eindrucks der Wirklichkeitsfähigkeit der Utopie durch
die literarische Fiktion, das Ideal sei bereits Realität,
nämlich unentdeckte. Die Unentdecktheit sollte zugleich eine friedenspolitische Bedingung der Möglich-
keit vollkommener Zustände symbolisieren. Ideal lebt
es sich erst, wenn niemand mehr des anderen Feind
ist, wenn also nach des Propheten Wort schließlich
auch das letzte Schwert zu einer Pflugschar umge-
schmiedet sein wird. Erst wenn die Friedensmensch-
heit es nur noch mit sich selbst zu tun und keine unbekannten und somit unberechenbaren Völker mehr au-
ßer sich hat, ist ihr Friedenszustand endgültig und
dauerhaft. Die utopische Insellage, durch ihre Ferne
vor Entdeckung geschützt, sichert die entscheidende
Bedingung des Dauerfriedens der Friedlichen, es einzig mit ihresgleichen zu tun zu haben. Es ist unvermeidlich, an dieser Stelle sich an das Weltfriedenslager
zu erinnern, in welchem die sozialistischen Länder
versammelt waren. Den alt-utopischen Vorzug der
Unentdecktheit genoß dieses Lager nicht. Entsprechend bedurfte es noch einiger Kompensationen der
einzig utopisch voll realisierbaren Friedensbedingun-
gen des Bei-sich-selbst-Seins und Für-sich-selbst-
Seins friedlich gewordener Völker. Hochrüstung und
unübersteigbare Mauern, strikte Kontrolle der Grenz-
passage von Personen und Informationen – das waren
im real existierenden Sozialismus die unvermeidlichen

Kompensationen der in der geteilten Welt mit ihren fortdauernden Feindschaftsverhältnissen vorerst noch unerreichten Welteinheit im Dauerfrieden.

Noch einmal also: Die Utopie kennt nichts außerhalb ihrer eigenen Grenzen. Sie repräsentiert eine geschlossene autarke Welt, und die Hand, die das Schwert nicht mehr zu führen braucht, wird für zusätzliche produktive Arbeit und für die Künste frei. Die Wohlfahrt des Gemeinwesens hebt sich entsprechend auf nie zuvor gekannte Höhen in selbstbegrenzender Orientierung an vernünftig gewordenen Bedürfnissen.

Diese utopische Verortung idealer Zuständlichkeiten im fernen Raum verlor mit den unaufhaltsamen Fortschritten der Entdeckung dieses Raums, nämlich in den Konsequenzen der erdumkreisenden Erkundungsfahrten, allmählich ihre reale Basis. Entsprechend erfolgte seit dem 18. Jahrhundert die utopische Projektion der vollkommenen Ordnung menschlicher Dinge, statt in den Raum, in die Zukunftszeit. Es handelt sich dabei um einen Austausch der Unzugänglichkeitsbedingungen vollendeter menschlicher Lebenswelten. In der fernen Zukunft ist ja ebensowenig je irgendeiner gewesen wie in der Ferne unentdeckter Räume. Dieser Austausch der utopischen Dimensionen von Raum und Zeit wurde im 18. Jahrhundert zusätzlich nahegelegt durch die eben damals an Aufdringlichkeit rasch gewinnende Erfahrung, daß die menschliche Geschichte den Charakter einer Entwicklung habe, ja den einer zustimmungspflichtigen und somit sogar beschleunigungsbedürftigen Entwicklung, des Fortschritts also. Herkunftsraum und Zukunftserwartung – so hat es Reinhart Koselleck formuliert – traten auseinander. Die durch Herkunftserfahrungen nicht mehr gedeckten Erwartungen explizierten sich als Zukunftsutopie.

In der Quintessenz besagt dieser Vorgang der Verzeitlichung der Utopie: Die Eröffnung der Möglichkeitspotentiale unbekannter Zukunftszeiträume verhält sich zur kognitiven Schließung des globalen Raumes komplementär. Die weißen Flecken auf dem Globus-Abbild der Erde sind getilgt. Die Raum-Basis für die Existenz unserer Gattung ist vermessen. Eine Flächenexpansion befahrbarer und betretbarer Räume findet nicht mehr statt. Expansiv verbleiben allein Möglichkeiten der Intensivierung technisch und organisatorisch instrumentierter Flächennutzung.

1.2 Kains Tat oder die Folgen postparadiesischer Raumknappheit

Das Aufklärungszeitalter schätzte Bibelhermeneutik zu geschichtsphilosophischen Zwecken. In seinem berühmten Diskurs von 1755 über den Ursprung und die Gründe der Ungleichheit unter den Menschen hatte Jean-Jacques Rousseau argumentiert, die politische Herrschaft von Menschen über Menschen sei mit dem Übergang vom Sammler- und Hirtendasein zum Ackerbau, also mit der Besitzergreifung von Grund und Boden zu bäuerlichen Produktionszwecken entstanden. Wer bei diesem Vorgang der Verwandlung der Erde, die uns alle trägt, in Privateigentum sozusagen zu spät kam, wurde mit unvermeidlichen politischen Folgen seiner Verspätung bestraft. Grundeigentumslos bedurfte er der Genehmigung der bereits Besitzenden für die Mitarbeit an der Bewirtschaftung

des Ackers, auf den doch alle Menschen für ihre Ernährung angewiesen sind, das heißt, er wurde abhängig. Als biblisch-mythische Darstellung dieses Vorgangs las man die Ermordung Abels durch seinen Bruder Kain. Der Übergang zur intensiveren Nutzung des
Bodens durch den seßhaft machenden Ackerbau ver-
drängt die ältere, nämlich frühere extensive Wirt-
schaftsweise. Abel mußte, so oder so, weichen, und
sein Schicksal symbolisiert die politisch-soziale Natur
des Fortschritts in der Entwicklung der Produktions-
verhältnisse.

So also las die klassische Geschichtsphilosophie
des 18. Jahrhunderts die Bibel, und die Wirtschafts-
und Sozialgeschichtstheorie des 19. Jahrhunderts
nahm das bis in parteienformierende Ideologien hinein auf. Der Raum-Aspekt der Sache folgt aus der bereits vermessenen und damit in ihrer Begrenztheit
quantifiziert gegenwärtig gewordenen Erdoberfläche.
Wer kraft der Ungnade seiner späten Geburt landlos
geblieben ist, kann nicht mehr, so sah man es, ins beliebig Weite entweichen, und wer als Sammler, Jäger
oder Hirte auf befestigte Grenzzäune stößt, ebensowenig. Bereits Kant erwog deshalb, ob nicht, weil eben
die Menschheit wegen der Endlichkeit der Erdkugel-
oberfläche sich nicht beliebig zerstreuen könne, alle
Menschen eigentlich in einer ursprünglichen Gemein-
schaft kollektiven Eigentumsrechts an Grund und Boden stünden. Kant verwarf dann aber diesen Gedanken mit einigen Argumenten von geringer Durch-
schlagskraft, so daß sein Schüler Fichte, konsequen-
ter, den Begriff des Privateigentums an Grund und
Boden zu einem Unbegriff erklärte. Das Eigentums-
recht bedürfe einer Transformation in den gleichen
Anspruch aller Menschen auf eine sie ernährende und

ihrem Leistungsvermögen adäquate Tätigkeit in Nutzung ursprünglichen Gemeineigentums.

Das sind, wie man rasch erkennt, Vorausnahmen der im engeren Sinne sozialistischen Theorie von der Genesis politischer Herrschaft aus der individuellen, privaten Verfügungsgewalt über Produktionsinstrumente und insbesondere über solche, die, wie Grund und Boden, in letzter Instanz begrenzt und nicht vermehrbar sind.

Das im 18. Jahrhundert auffällig oft herangezogene Argument der Endlichkeit der Erdoberfläche wirkt als politisches Argument aus heutiger Perspektive gewiß sehr weit hergeholt. Es hat, sozusagen, eine philosophische Anmutungsqualität – prinzipienorientiert und ohne jede empirisch-pragmatische Kalkulation jener Möglichkeiten der Ausbreitung unserer Spezies im Raum, die gerade im 19. Jahrhundert, nämlich in der Geschichte der großen europäischen Auswanderungen bis in andere Kontinente hinein real wurden – von der Kolonisierung des amerikanischen Westens über die südafrikanischen Trecks bis hin zur Besiedlung der großen australischen Küstenräume oder der südlichen Ränder Sibiriens.

Inzwischen hat sich freilich auch der Sinn für die Kehrseite der Sache geschärft. Die fragliche Kolonisierung des amerikanischen Westens bedeutete ja für die Kultur der Autochthonen daselbst die nahezu vollständige Liquidation dieser Kultur, und in etlichen Fällen schloß das die Liquidation ihrer individuellen und kollektiven Träger ein. Die prinzipienorientierte aufgeklärte Argumentation mit der Begrenztheit des Raumes, in welchem Menschen leben können, hat bis in post-sozialistische Erinnerungen an die Geschichte der großen Kolonisationszüge hinein neu an Geltung

gewonnen. In der sich ausbreitenden, inzwischen sogar ritualisierten Praxis der Entschuldigung fürs Kolo-
nisatorenunrecht an den Autochthonen durch die
Chefs der Staaten, in denen die Reste der verdrängten
Ureinwohnerschaften heute noch leben, spiegelt sich
das. Reservate werden wiedergutmachungshalber abgesteckt, regionale Selbstverwaltungsrechte konstituiert, und stets sind die Grenzen, wie nach der aufge-
klärten Theorie vom politischen Charakter knapper
Räume zu erwarten, das politisch umstrittene Thema.

In anderer Weise setzt sich heute die Argumentation mit den Folgen aufdringlich gewordener Begrenztheit und Schließung globaler Räume in der Re-
deweise vom „gemeinsamen Erbe der Menschheit"
fort. Regelmäßig ist damit ein „Erbe" gemeint, das
knapp und erschöpfbar, zugleich aber universell le-
bensnotwendig ist, das entsprechend geschont und
unter Ausschließung niemandes genutzt sein will. Der
Katalog der entsprechend global als knapp erfahrbar
gewordenen, raumgebundenen gemeinschaftlichen
Lebensvoraussetzungen reicht von den Weltenergie-
reserven über die Vielfalt der Arten, bei deren fort-
schreitendem Rückgang schließlich Nahrungsketten
zerreißen könnten, bis hin zu den Meeresschätzen einschließlich der Rohstoffe der Tiefsee.

Globalisierend hat schließlich wie nichts anderes
zuvor die das 20. Jahrhundert prägende Erfahrung sogenannter Weltkriege gewirkt. Als kriegsauslösender
Faktor hat dabei nicht zuletzt die Raumknappheits-
angst der im Prozeß der raumgreifenden imperialen
Macht-Expansion Schlechtweggekommenen eine Rolle gespielt. Die in Weltkriege verwickelte Menschheit –
das ist, nämlich als historische Realität, das genaue
Komplementärphänomen der utopischen Friedens-

kommunität, die ja gleichfalls, wie die Weltkriegsgesellschaft, den Status einer einzig mit sich selbst kommunizierenden Kommunität hatte. Die Menschheit wird als geschlossene Gesellschaft real, und der vermessene Globus repräsentiert diese Schließung räumlich.

1.3 Geotrope Astronautik oder die neue, postkopernikanische Zentralstellung der Erde im kosmischen Raum

In der zweiten Hälfte des 20. Jahrhunderts ist uns über den Globus hinaus der sogenannte Weltraum zugänglich geworden. Damit, so scheint es, befindet sich die Menschheit zivilisationsevolutionär bereits jenseits der Epoche, die durch die räumliche Schließung der Erde gekennzeichnet war. In der Tat: Die Erkundung der weiten Räume des Sonnensystems, die durch die Planetenbewegungen abgesteckt sind, ist in vollem Gange. Wir wurden virtuell Teilnehmer von Roboterausfahrten in Marsgeröllwüsten. Wir schauten in den rosa Himmel sauerstofffreier Planetengashüllen. Die Oberfläche der Venus, die unter dem sonnennahen Glanz der höllischen Atmosphäre dieses Planeten unzugänglich verborgen lag, ist, immerhin, großräumig elektronisch abgetastet, und daraus technisch rekonstruierte Bilder einiger Venushügellandschaften haben sogar schon in Schulbücher Eingang gefunden. Wiederum anderswo wird die gesamte Himmelskörperoberfläche als Gletscher erkennbar. Unser eigener Mond hingegen ist staubbedeckt, dafür aber atmosphärenfrei, so daß die Fußtritte, die Astronauten dort hinterlassen haben, anders als Fußtritte im Sand irdischer Wüsten, für unabsehbare Zeit unverweht überdauern dürften. Eine der Raumsonden ist dem Schwerefeld unserer Sonne bereits entronnen und nähert sich einem anderen Stern. Ein Reiseziel ist das freilich nicht, weil unbekannt bleiben wird, ob es jemals erreicht worden ist. Für alle Fälle trägt die sonnensystemflüchtige Sonde ein Täfelchen mit graphischen Zeichen, von denen angenommen wird, daß sie von vernünftigen Wesen in allen denkmöglichen Welten gelesen und verstanden werden könnten, wenn anders sie solchen außerirdischen vernünftigen Wesen vor Augen oder vor ihre analogen Sinne gelangen sollten. Eine Skizze des Planetensystems unserer Sonne ist auch noch beigegeben und, vor allem, eine Graphik unser selbst, und das angemessenerweise gleich zweifach, nämlich männlich und weiblich.

Existieren wir also bereits transglobal? Die hier mit Hans Blumenberg so genannte geotrope Astronautik macht das genaue Gegenteil evident, nämlich die Unausweichlichkeit der globalen Bindung unserer Lebenswelten.

Im britischen Fernsehen wurde vor einigen Jahren eine eindrucksvolle Aufbereitung jener Bilder der Planeten jenseits der Erdbahn gezeigt, die eine amerikanische Raumsonde zur Erde zurückgefunkt hatte. Solche Bilder repräsentieren natürlich Leistungen außerordentlichen technischen Ranges. Aber was bedeuten sie für die Fortbildung unseres Bildes von der Welt, in der wir leben? Der Kommentator des fraglichen Berichts über die Ergebnisse der technischen Weltraumexpedition fand, man habe diese Ergebnisse nach Analogie jener frühneuzeitlichen Entdeckungsfahrten zu interpretieren, die, wie geschildert, einst die Ver-

zeitlichung der Utopie erzwangen. Also sprach er vom
ununterdrückbaren Drang der Menschen ins Ferne.
Er sprach von der Lust, die es bereitet, Neues zu ent-
decken, und es fehlte nur noch, daß er die ganze technische Unternehmung von der Erwartung, ein Besseres anderswo zu finden, motiviert gefunden hätte. Tatsächlich schwärmte er, zum Beispiel, von der Lieblich-
keit der Wolkenbänder, die den Jupiter umhüllen, und
man sah die graphisch eindrucksvolle augenförmige
Konfiguration bunter Nebel, die von Experten als
konstanter riesiger Wirbel in Stürmen schwefliger und
sonstiger Gase gedeutet wird. Immerhin: In der Sicherheit eines Abstands von kosmischen Dimensionen bietet der Anblick des Ganzen gewisse ästhetische
Reize, und so schwärmte der Kommentator also und
schien bemüht, beim Zuschauer Empfindungen auszulösen, wie wir sie heute, nämlich aus der Touristen-
perspektive, dem Seefahrer Cook zuzuschreiben geneigt sind, als dieser zum ersten Mal die von ihm ent-
deckten pazifischen Inselstrände betrat. Kurz: Die
Kosmonautik wurde nach kulturgeschichtlicher Analogie der Erschließung restlicher Räume im Vorgang
der globalen Aneignung der Erde beschrieben.

Indessen: Was sich in der Astronautik – von ihren
technischen Aspekten einmal abgesehen – für das
Selbstverhältnis der Menschheit ereignet, ist etwas
gänzlich anderes. Man sieht es, wenn man sich eines
der am meisten verbreiteten Bilder der jüngeren Wissenschaftsgeschichte vergegenwärtigt, nämlich das
Bild unserer Erde aus der Mondfahrerperspektive.
Das Bild des blauweiß vor dem kosmischen Dunkel
schimmernden heimischen Planeten hängt heute in
zahllosen Schulräumen. Es ist als Cover bei Redaktio-
nen für Wissenschaftsmagazine geschätzt. Graphiker

nutzen es in thematisch geeigneten Fällen für die Aus-
stattung von Buchumschlägen. Sogar Weltnachrich-
tensprecher setzt man in ihren Studios gern vor Hin-
tergrundsbilder, die die Erde als ganze, nämlich von
außen in den Blick nehmen lassen. Was verschafft
dem fraglichen Foto seine so vielfach genutzte Ein-
druckskraft? Symbolisiert der Anblick der Erde aus
kosmischer Perspektive globustranszendierende
menschliche Raumherrschaft? Wird die Position des
Globus relativiert, indem wir den Mond als Basis für
einen Rückblick zur Erde wählen? Das wäre eine Beschreibung des Vorgangs mit unangemessenen Kate-
gorien. Die Mittel der Beschreibung dessen, was Menschen auf den Reisen zu sehen bekamen, die einst als
Seefahrer die Erde als solche erschlossen haben, eignen sich nicht für die Vergegenwärtigung der Lage, in
der wir uns erblicken, indem wir den Globus von
außen sehen. Was sehen wir denn? Ringsum, nämlich
auf allen von den Weltraumsonden umrundeten und
erkundeten sonstigen Sonnenbegleitern nichts als
staubige, eisige, höllische oder giftige Wüsteneien und
nur ein einziger Ort, der, im Rückblick in seiner Singularität sichtbar, unserer Gattung Aufenthalt von einiger Dauer verstattet, nämlich unsere Erde.

Eben dieser Effekt der Intensivierung der Erfahrung unserer unauflösbaren Rückgebundenheit an den
Ausgangspunkt unserer jüngsten, nämlich kosmonau-
tischen Exkursionen in den Raum hat Hans Blumenberg veranlaßt, die Astronautik als „geotrop" zu kennzeichnen. Die Kosmonautik wird wissenschaftskultur-
geschichtlich als ein Ereignis gedeutet, das in wohlbestimmter Hinsicht die in der frühen Neuzeit aufge-
gebene Vorstellung von der Mittelpunktstellung unserer Erde wiederherstellt. Diese Wiederherstellung der

Zentralposition unserer Erde geschieht natürlich nicht in kosmologischer Hinsicht. Insofern ist ja eher das Gegenteil der Fall. Nichts bestätigt eindrucksvoller die Triftigkeit der Kopernikanischen Wende als der Anblick der Erde aus der kosmischen Außenperspektive. In lebensweltlicher Orientierung ist es aber just diese Perspektive, in der die Erde als unentrinnbarer Zentralpunkt aller menschlicher Lebensmöglichkeiten im kosmischen Raum anschaulich wird. Gewiß: Die Existenz von Planeten anderer Sonnen unserer Galaxis ist inzwischen gesichert. Aber die Tiefe des Raumes frißt, wie Hans Blumenberg es ausgedrückt hat, die Zeit, die als Zeit von lebensweltlich kalkulierbaren Dimensionen müßte verfügbar gemacht werden können, wenn galaktische Reisen zur Erkundung bewohnbarer ferner Planeten sinnvoll sein sollten. In der Quintessenz heißt das: Indem die Erde aus kosmischer Perspektive sichtbar geworden ist, schließt sich der globale Lebensraum definitiv.

2 Von der Curiositas zur Relevanz. Kulturevolutionäre Folgen der Verwissenschaftlichung unserer Zivilisation

Stärker als jeder andere Faktor tragen heute die Wissenschaften zur Beschleunigung der zivilisatorischen Evolution bei. Überdies ist längst erwiesen, daß die Wissenschaften interkulturell transferierbar sind. Auch im Kontext von Herkunftskulturen, denen sie nach ihren Anfängen gar nicht entstammen, sind sie ersichtlich fortentwicklungsfähig und international erfolgreich. Damit wirken sie globalisierend. In wohlbestimmten Hinsichten ist die Wissenschaftskultur universell geworden. Seit alters und bis heute gehören zu dieser Kultur Auseinandersetzungen um Legitimitätsansprüche der Wissenschaft. Im wissenschaftspolitisch dominanten Resultat haben sich diese Legitimitätsansprüche als irresistibel erwiesen. Davon soll in fünf Aspekten der Sache hier die Rede sein.

2.1 Thales anekdotisch oder die Legitimität der reinen Theorie

Die religiösen und politischen Lebensvollzüge und überdies das wirtschaftliche Handeln mit seinem Ele-

mentarzweck materieller Subsistenzverschaffung haben einen ungleich höheren Grad unabweisbarer Fälligkeit als die Praxis der reinen Theorie, zu der sich
Menschen aus individuellem Antrieb entschließen und
die sich motivational selbst Zweck ist. Religion, Politik und Ökonomie dürfen als Universalien menschlicher Kultur nach Kains Brudermord, also nach Übergang zu Ackerbau und damit zur Seßhaftigkeit oder
später gar zur Städtegründung gelten. Die Frage, wieso
man sich fromm in ritueller Praxis des Gottesdienstes
oder Stadtmauern errichtend oder im Schweiß seines
Angesichts ackernd betätige, erhob sich insoweit gar
nicht, und ein Legitimationsproblem stellte sich nicht.
Eben das läßt sich für die Praxis der Theorie, für die
Wissenschaft im weitesten Umkreis ihrer historischen
Herkunft, nicht sagen. Den Charakter einer hochkul-
turellen Universalie mit Selbstverständlichkeitscharakter hat sie nicht eo ipso. Ihren Ursprung hat sie bekanntlich regional und temporal im antiken Europa,
und sie hat sich dann zunächst innerhalb dieser kontingenten Sonderkultur fortentwickelt. Erst später hat
sie sich auch in andere Hochkulturen hinein ausgebreitet, und erst in jüngster Zeit ist sie zu einem inte-
gralen Faktor der modernen Zivilisationsökumene geworden.

Dieser kulturevolutionären Kontingenz und damit
Auffälligkeit der lebenspraktischen Zuwendung zur
Theorie entspricht die dem Theoretiker nicht immer,
aber doch immer wieder einmal angesonnene Rechtfertigung für sein sinnevidenzfernes Tun, und tatsächlich ist die entsprechende Rechtfertigungsphilosophie
fast so alt wie die Philosophie selbst. „Philosophie" ist
dabei als verbales Äquivalent für „Wissenschaft" zu
hören. Diese Bedeutungsäquivalenz von „Wissen-

schaft" und „Philosophie" ist bis ins Aufklärungszeitalter nachweisbar, und noch im akademischen Institu-
tionennamen „Philosophische Fakultät", der den Europäern vertraut ist, steht bekanntlich „Philosophie"
für jenes Ensemble „freier" Wissenschaften, die sogar
noch über die Mitte des 20. Jahrhunderts hinaus an etlichen Universitäten, in Marburg an der Lahn zum Beispiel, die sogenannten Geisteswissenschaften wie die
Naturwissenschaften umfaßten.

Als europäischer Protowissenschaftler gilt bekanntlich Thales, und in der Biographik dieses Mannes sind zwei Anekdoten überliefert, die den Sinn des
theoretischen Tuns diskutabel machen. Sie manifestieren literarisch das Interesse der praktisch desinteressierten theoretischen Neugier, eben der Curiositas,
einerseits und die Orientierung an der für das Publikum immer wieder einmal überraschenden Nützlich-
keit, also der Relevanz der Wissenschaften andererseits. Sterne beobachtend, so erzählt Diogenes Laertius, sei der Philosoph in eine Grube gefallen. Das sah
eine Frau und kommentierte es mit den Worten „Du
kannst nicht sehen, Thales, was dir vor Füßen liegt,
und wähnst zu erkennen, was am Himmel ist?" So
spricht der alltagspraktisch gefestigte gemeine Ver-
stand, und niemand wäre in der Tat ohne solchen Ver-
stand lebensfähig. Eben deswegen werden wir bis heute sogar in unseren Kinderbüchern zu dieser Verstän-
digkeit angehalten, im Struwwelpeter zum Beispiel.
Die Hans-guck-in-die-Luft-Geschichte – das ist die in
Deutschland bekannteste unter den zahllosen Varian-
ten der zitierten Thales-Anekdote. Sie hält die besorg-
niserregende Seite der Curiositas gegenwärtig. Diese
ist es ja auch, die bis in die jüngere Sozialgeschichte
der Studienplatzwahl hinein zahllose Väter und Müt-

ter ihre Kinder von Studien dringend abraten ließ, die jeweils im Ansehen der Brotlosigkeit standen. Das bedeutet: Die Curiositas, die pure theoretische Interessiertheit, steht traditionellerweise und aus mühelos nachvollziehbaren Gründen im Ansehen einer schwachen Rechtfertigung für die Hinwendung zur Wissenschaft. Der Kompensation dieser Schwäche dient nun eine zweite Thales-Anekdote, die gleichfalls bei Diogenes Laertius überliefert ist. In Nutzung seiner meteorologischen Kunst zur Voraussicht des Jahreswetters vermochte er mit einer reichen Ölfruchternte zu rechnen, mietete rechtzeitig alle verfügbaren Ölpressen an und erwarb, als der Erntesegen für das theorieblinde Publikum überraschend kam, ein Vermögen durch Verkauf der Rechte zur Nutzung der Pressen zu Hochkonjunkturpreisen.

Da haben wir nun die Relevanz der Theorie, und noch einmal sei bekräftigt, daß sie doch als Prinzip der Rechtfertigung der Zuwendung zur Theorie gemeinhin überzeugender wirkt als die pure Curiositas. Eben das macht die extraordinären und beharrlichen kompensatorischen Mühen der Philosophen plausibel, diesseits vom Nutzen der Theorie deren humanen Rang herauszustreichen – für jene zahllosen Fälle theoretischer Beschäftigung nämlich, wo ein Nutzen sich gar nicht einstellen will, ja sogar prinzipiell nicht zu erwarten wäre. Einen der wirkungsreichsten Sätze zur Rechtfertigung purer theoretischer Interessen verdanken wir Aristoteles. Es handelt sich um den ersten Satz der Schriften seiner später so genannten Metaphysik. „Alle Menschen haben von Natur ein Verlangen nach Wissen", heißt es dort. Das ist ein Satz vom Rang einer Inschrift, und auf zahllosen Tafeln, Denkmälern etc., die der öffentlichen kulturellen Selbstdarstellung der akademischen Institutionen dienen, finden wir sie bis heute – so zum Beispiel, griechisch natürlich, auf dem Sockel des Aristoteles-Denkmals vorm Portal der Universität zu Freiburg im Breisgau oder auch im Gebälk der Aula meines heimischen Gymnasiums zu Aurich in Ostfriesland.

Des öfteren hatte ich, statt Theorie und Praxis in vollständiger Alternative gegeneinanderzusetzen, den Ausdruck „Theorie-Praxis" oder auch „theoretische Praxis" gebraucht. Auch das hat einen gewichtigen klassischen, also alterungsresistenten und somit bis in unsere kulturelle Gegenwart hinein fortdauernden Sinn, dessen wirkungsreichste Explikation wir in der Aristotelischen Ethik finden. Glück, Lebensglück nämlich, läßt sich nach Aristoteles nicht in direkter Intention gewinnen. Glück, soweit es von uns selber abhängig ist, stellt sich vielmehr als Nebenfolge sinnvoller Tätigkeit ein, in der wir unsere Kräfte und Fähigkeiten nutzen. Die Glücksträchtigkeit unseres Tuns wächst mit seiner Repräsentativität für das, was als spezifisch menschlich zu gelten hat. Dafür steht die Praxis der Politik und schließlich die Praxis der Theorie eben, wenn anders es wie zitiert wahr ist, daß Menschen von Natur aus nach Wissen streben. Man vergegenwärtige sich überdies, daß die Kräfte, die wir zur Betätigung theoretischer Interessen benötigen, uns zumeist auch noch im fortgeschrittenen Alter vergönnt sind, daß überdies Gewinne an Einsicht enttäuschungsresistent sind und Dauerzuwendung zu allem verstatten, was seinerseits dauert.

Man bemerkt: Der Versuch, den Lebenssinn der reinen Theorie zu beschreiben, ist anspruchsvoll. Einfacher bleibt es demgegenüber stets, die Theorie unter pragmatischen Nützlichkeitsgesichtspunkten zu validieren. Dabei sind dann die reine Theorie und ihre Motivation, die Curiositas eben, über Jahrhunderte hin oft schlecht weggekommen – bei Augustinus zum Beispiel, der die theoretische Neugier als ein Medium der Ablenkung von der gebotenen Suche nach dem allerhöchsten Nutzen der geoffenbarten und erlösenden Wahrheiten des Heils verdächtigte. Und noch in der frühen Neuzeit hat Thomas Hobbes, der von der Politik die Beendigung des fortdauernden Streits um die richtige Lesart der Wahrheit des Heils, also die Beendigung des konfessionellen Bürgerkriegs erhoffte, den Beitrag der reinen Wissenschaft zur Förderung der Friedenspolitik als gering eingeschätzt. In einem Katalog der Faktoren, die der Politik die gerade auch zur Friedenssicherung nötige Macht verschaffen, heißt es gegen Ende dieses Katalogs, für Theoretiker recht enttäuschend, „the sciences, are small power".

Dazu paßt, daß im Zeitalter der Aufklärung, das ja Hobbes wirkungsgeschichtlich mitgeprägt hat, das Ansehen der Universitäten des im Hoch- und Spätmittelalter geprägten Typus rasch herabsank. Entsprechend wurden in napoleonischer Ära auf dem Boden des Alten Reiches „deutscher Nation" gut die Hälfte aller Universitäten geschlossen – darunter etliche, von deren ehemaliger Existenz heute nur noch Spezialisten der Bildungs- und Wissenschaftsgeschichte Kenntnis haben, die Universität zu Dillingen zum Beispiel, zu Helmstedt oder auch zu Duisburg, wo es zwar heute, inzwischen verbunden mit Essen, wieder eine große Universität gibt, deren Studenten aber von deren Vorgängerinstitution nicht selten gar keine Kenntnis haben.

Das verlangt einen Rekurs auf die jüngere deutsche Universitätstradition, die sich mit dem Namen Wilhelm von Humboldts verbindet. Wilhelm von Humboldt steht wirkungsgeschichtlich bis heute im Ansehen des Mannes, der in Abwehr und Überwindung der Nützlichkeitsphilosophie des Aufklärungszeitalters die Hohen Schulen wieder auf die reine Wissenschaft verpflichtet habe, und das trifft, recht verstanden, tatsächlich zu. Aber was heißt hier „recht verstanden"? Gerade auch als Universitätsgründer war Humboldt ja nicht ein Mann der praktisch desinteressierten reinen Theorie, vielmehr ein Administrator und Staatsdiener, und das in einer Zeit, in der es sich darum handelte, das Vaterland, nämlich Preußen, das am Boden lag, wieder aufzurichten. Entsprechend konstatiert Humboldt, die Universitäten und ihre Wissenschaften stünden „immer in enger Beziehung auf das praktische Leben und die Bedürfnisse des Staates" und unterzögen sich „praktischen Geschäften" für ihn. Wie paßt das zur herrschenden Meinung, Wilhelm von Humboldt sei der universitätsphilosophische Klassiker der Lehre vom höheren Recht der reinen Wissenschaft? Die Antwort auf diese Frage finden wir bei Humboldt selbst, nämlich in seiner Antrittsrede vor der Berliner Akademie der Wissenschaften vom 19. Januar 1809. Dort heißt es, „die Wissenschaft" gieße eben „dann ihren wohltätigsten Segen" aus, wenn sie ihren Nutzen „gewissermaßen zu vergessen scheint". Diese Kausalität ist es in der Tat, die die Humboldt-Universität im 19. Jahrhundert mit internationaler Vorbildwirkung erfolgreich gemacht hat. Curiositas oder Relevanz – das wird hier als falsche Alternative erkennbar. Ihrer Relevanz wegen muß man im modernen öffentlichen politischen Lebenszusammenhang der Betätigung der Curiositas Freiräume schaffen und sichern. Je freier die Wissenschaft ist, um so nützlicher wird sie.

2.2 Nützliche Wissenschaft. Zu ihrer Verteidigung vor ihren deutschen Verächtern unter den Gebildeten

Posthumboldtianisch scheint sich in der politischen Validität von Curiositas einerseits und Relevanz andererseits neuerdings eine markante Gewichtsverschiebung ereignet zu haben. Man lese die Protokolle der Wissenschaftsausschüsse der Parlamente und sonstigen Institutionen, die über die Forschungsbudgets von Universitäten und außeruniversitären Wissenschaftseinrichtungen zu entscheiden haben: Stets wird man und nahezu exklusiv Fälligkeiten der Forschungsförderung mit Nutzungsargumenten begründet finden. In Jahren notorisch knapper öffentlicher Kassen intensiviert sich diese Argumentationstendenz noch, und der Hinweis auf die Selbstverwirklichungsdienlichkeit rein theoretischer Interessen gewänne das Ansehen eines Zynismus. Kuriositätsapologie kommt daher praktisch nicht mehr vor – auch nicht in der zitierten Humboldtschen Variante, die doch eindrucksvoll bleibt.

Ein durchschlagender Grund, diese Gewichtsverschiebung in der Bewertung von Curiositas einerseits und Relevanz andererseits zu bedauern, besteht nicht. Es handelt sich keineswegs um einen Vorgang wissenschaftskultureller Barbarei, vielmehr um eine Konsequenz fortschreitender Erfüllung der Verheißungen, die unter den frühneuzeitlichen Wissenschaftsphilosophen wirksamer als jeder andere bereits vor Hobbes und gegen ihn kontrastierend Francis Bacon formuliert hatte. „Tantum possumus quantum scimus" – so lesen wir bei Bacon, und „Wissen ist Macht" ist davon die wirkungsgeschichtlich überall stets präsent geblie-

bene Popularversion. Bacon, der ja nicht nur Philosoph, vielmehr zugleich zeitweiliger Inhaber des höchsten Amtes war, das die englische Krone zu vergeben
hatte, ist eine glanzvolle literarisch-utopische Versinn-
bildlichung des Wandels der Politik gelungen, den
man von einer systematisch beschriebenen Nutzung
wissenschaftlichen Wissens zu erwarten habe. Wir
kennen die bis heute in Europa präsent gebliebene
Denkmalsszenerie, die das Prinzip „Herrschaft" symbolisiert – die Könige und Feldherrn mit ihren Waffen
und Schilden auf steigenden Rössern. Auf Nova Atlantis, in der Baconschen Utopie eines vollständig ver-
wissenschaftlichten Gemeinwesens, sind alle Waffen
abgetan, und Denkmäler werden exklusiv den Repräsentanten wissenschaftlich-technischer Könnerschaft
gewidmet – von den großen Ärzten über die Züch-
tungsexperten und Metallurgen bis hin zu den Seefah-
rern, Entdeckern und Naturforschern. Was ist der
theoretische Witz dieser utopischen Transformation
der Denkmalszene? Diese Frage läßt sich, mit Rekurs
auf manifeste politische Realitäten des soeben zu Ende gegangenen Jahrhunderts, auch anders stellen: Was
eigentlich ist der Sinn der Ersetzung der bewaffneten
großen Tiere von den Löwen über die Bären bis zu
den Adlern in der traditionellen Emblematik unserer
Staaten durch Arbeitsgeräte in der Emblematik des
real existent gewesenen Sozialismus – Hammer und
Sichel also oder auch, etwas sublimer, Hammer und
Zirkel im Staatswappen der DDR, hier das Bündnis
von Arbeiterklasse und Intelligenz symbolisierend?
Die Antwort, mit der ich eine historisch weit zurückreichende Theoriegeschichte des Sozialismus zusam-
menzufassen versuche, lautet: Politik ist quintessen-
tiell Machtkampf, sozialistisch gedacht also Klassen-

kampf um die Verteilung knapper Güter, und erst jene
Steigerung der Produktivität menschlicher Arbeit, die
über ökonomische Nutzung technisch umgesetzten
Wissens geschieht, wird es dermaleinst unter Bedingungen eines Zustands erreichter Fülle erlauben, vom
Verteilungskampf zu einem friedlichen kollektiven Leben der Selbstbedienung vernünftiger Bedürfnisse
überzugehen.

Das war eine Quintessenz aus Lenins „Staat und
Revolution", in der die Nützlichkeitsphilosophie tech-
nokratischer Tradition, revolutionsideologisch transformiert, ein paar Jahrzehnte lang fortlebte. Eine
Empfehlung ist das natürlich nicht. Wir haben keine
angenehme Erinnerung an die Systeme, die sich em-
blematisch mit Hammer und Sichel schmückten. Auch
ist es kein Zufall, daß der real existierende Sozialismus, der die „Springquellen" wissenschaftlich-technisch gesteigerter Produktion zum Sprudeln bringen
wollte, statt dessen zusammenbrach. Dieser Zusammenbruch ist, einem zumal in Deutschland verbreiteten Vorurteil entgegen, vorausgesagt worden – von
Talcott Parsons zum Beispiel, der schon Anfang der
sechziger Jahre notierte, daß das sozialistische System
sich entweder in einer Weise wandeln müsse, daß es
aufhört, es selbst zu sein, oder aber sich selbst zerstö-
ren werde. Wieso das? In Ultrakurzfassung lautet die
Antwort: Mit der Komplexität moderner, das heißt
verwissenschaftlichter und technisierter Gesellschaften nimmt ihre politisch zentralisierte planungstechni-
sche Steuerbarkeit, die im sozialistischen System ord-
nungspolitisch für möglich gehalten wurde, fortschreitend ab, und ihre Angewiesenheit auf Mechanismen der Selbstorganisation und Selbststeuerung, die
auf Märkten und über freie Wahlen wirken, nimmt zu.

Daß das so ist, hat seinen letztinstanzlichen Grund in der erfahrungsbewährten Tatsache, daß die sozialistisch-technokratische Planungsrationalität dem Informationsgewinnungs- und Informationsverarbeitungsbedarf, der in der Entwicklung hochkomplexer und dynamischer Gesellschaften anfällt, fortschreitend weniger gewachsen war. Das bedeutet zugleich: Die nun gleichfalls zur europäischen Tradition gehörige Idee, es ließe sich ein theoretisch konsistentes Gesamtbild von Natur und Gesellschaft einschließlich ihrer Entwicklung gewinnen, das zugleich als politisch verbindliche Maßgabe für eine verläßliche Planung des Wegs der Menschheit in die Zukunft taugt, hat sich inzwischen als eines der ersatzreligiösen Ideologeme herausgestellt, an die zu glauben just der Nutzen der Verwissenschaftlichung und Technisierung unserer Zivilisation verführerischen Anlaß bot. Die Katastrophe der sozialistischen Planungsrationalität ist eine Spätfolge dieser Verführung.

Und damit haben wir das Hintergrundsbild einer gescheiterten Großideologie, vor dem sich nun anspruchsloser und damit zugleich zuverlässiger sagen läßt, was den Nutzen der Wissenschaft ausmacht und wie sich die Inanspruchnahme dieses Nutzens maximal schadensfrei halten läßt. Es war die im intellektuellen Milieu und somit auch bei vielen Philosophen verbreitete Trivialitätsscheu, die den Nutzen der Wissenschaft in der Dimension des Erhabenen suchen ließ und damit Ideologie evozierte. Entsprechend hält man sich besser an die trivialen Gehalte des Fortschritts Baconscher Tradition. Alsdann erkennt man als Nutzen der Wissenschaft, zusammenfassend, Steigerung unserer Wohlfahrt – technische und organisatorische Steigerung der Produktivität unserer Arbeit also, dadurch verläßlichere Sicherung unserer elementaren Lebensvoraussetzungen durch Agrotechnik zum Beispiel, Hebung des Gesundheitsniveaus durch leistungsfähigere Pharmazie und Medizin, netztechnisch ermöglichte Verkürzung der Transferzeiten für Personen, Güter und Informationen, die fortschreitende Verbilligung dieses Transfers und damit die massenhafte Freisetzung von Lebenszeitanteilen für elementare und höhere Bildung, die die Produktion nutzbaren Wissens und die Produktivität seiner technischen Nutzung steigert etc.

So ließe sich lange fortfahren, und das ergäbe zugleich das Insgesamt fälliger Antworten auf die Frage, welchen Erfahrungen sich eigentlich die historisch beispiellose, meßbare Dynamik der wissenschaftlich-technischen Zivilisation verdankt. Von diesen Antworten wird im dritten Teil dieser Abhandlung ausführlicher die Rede sein, und zwar speziell von der Trivialität der elementaren Lebensvorzüge der modernen Zivilisation. Das schließt ein: Lebenszwecke und Güter, die wichtiger sind als diese Trivialitäten, gibt es gewiß auch noch. Aber hier sollte nun einmal von denjenigen Problemen unserer Lebensverbringung die Rede sein, auf die sich Wissenschaft und Technik mit ihren Nützlichkeiten beziehen. Eben damit begibt man sich in den Bereich common-sense-fähiger Trivialitäten, deren fundamentale lebenspraktische Bedeutung sich nicht leugnen läßt, und zum Glück sind es heute diese Trivialitäten und nicht common-sense-transzendente Großideologien, die unsere wissenschafts- und forschungspolitischen Debatten beherrschen.

Wohlgemerkt: Insoweit war von den Wissenschaften die Rede, die empirisch gehaltvolle und in Technologien umsetzbare Theorien anzubieten haben. „Sciences" nennt man diese Wissenschaftsgruppe bekanntlich in englischsprachigen Traditionen. Die deutschkulturell so genannten Geisteswissenschaften, die historischen Kulturwissenschaften, sind damit gerade nicht gemeint, und von ihnen wird später noch die Rede sein. Vergessen sollte man darüber freilich nicht, daß es unbeschadet der wissenschaftspolitischen Dominanz des Relevanzprinzips extrem nutzbarkeitsferne Naturforschung auch noch gibt – sehr aufwendige sogar wie zum Beispiel die mit hochtechnologischen Instrumenten betriebene Erkundung der äußeren Planeten und ihrer Monde. Einen Fallout von allerlei Nebennützlichkeiten gibt es aber auch hier, und das wird rechtfertigungspraktisch gern herausgestellt.

2.3 Wer zahlt? Erkenntnis und Interesse ökonomisch

Universitäten und sonstige Hochschulen sind Ausbildungseinrichtungen. Das sind sie in erster Linie, und zwar auch dann, wenn die fragliche Ausbildung forschungsnah angeboten wird. Überdies ändert diese Forschungsnähe – die berühmte Einheit von Lehre und Forschung – gar nichts am berufsvorbereitenden Sinn der akademischen Ausbildung. Das schließt nicht aus, vielmehr ein, daß die Studenten während des Studiums, statt sich in Permanenz an Berufszwecken zu orientieren, sich von der Leidenschaft der Theorie ergreifen lassen und kuriositätsmotiviert der Praxis der Forschung näher kommen. Aber gerade in den besten Tagen der Humboldt-Tradition geschah das doch kraft der entlastenden Selbstverständlichkeit, mit der man, weit überwiegend, aus den oberen Fakultäten als künftiger Pfarrer, Jurist oder Arzt hervorging und aus der unteren, philosophischen Fakultät als künftiger Lehrer oder auch als naturwissenschaftlich qualifizierter Fachbeamter und Industrieangestellter. Aber bei dieser Einheit von Forschung und Lehre, in deren altem Humboldtschen Rahmen die Universitäten zugleich die mit Abstand wichtigsten Forschungsstätten waren, konnte es im Prozeß der Verwissenschaftlichung unserer Zivilisation nicht bleiben. Verwissenschaftlicht ist eine Zivilisation in demselben Maße, in welchem technisch, auch organisationstechnisch umgesetztes und genutztes Wissen in unsere materiellen Lebensvoraussetzungen einwandert, und eben das ist heute in einem Ausmaß der Fall, dem mit den Mitteln der Universitätsforschung allein schon seit langem nicht mehr entsprochen werden könnte. Konsequenterweise ist der Anteil der Forschungsmittel, über die inneruniversitär verfügt wird, seit dem späten 19. Jahrhundert kontinuierlich und gelegentlich schubhaft zurückgegangen. Viele Universitätsangehörige, selbst Professoren, wissen heute gar nicht, zu welchen Anteilen die Forschung, von deren Resultaten wir alle abhängig geworden sind, heute, statt in den Universitäten, in anderen Einrichtungen stattfindet – industrieintern vor allem, aber auch in den nicht profitorientierten Forschungsstätten von der Art der Institute der deutschen Max-Planck-Gesellschaft oder auch, wiederum industrienäher, in Einrichtungen für Forschung und Entwicklung, wie sie von der Fraunhofer-Gesellschaft getragen werden. Längst hat der Anteil der außeruniversitär verbrauchten und überwiegend auch aufgebrachten Forschungsmittel den Anteil der Forschungsmittel, über den inneruniversitär disponiert wird, überboten, und zwar im Durchschnitt der hochentwickelten Industriegesellschaften um etwa das Doppelte. In der Schweiz erreicht er sogar fast das Dreifache, und das komplementär zum Exporterfolg der Schweizer Industrie zumal im Chemie- und Maschinensektor.

Es ist hier nicht der Ort, die institutionelle und wirtschaftliche Differenziertheit der modernen Forschungsorganisation und Forschungsfinanzierung vorzuführen. Zu gelegentlicher Lektüre seien auch den Studenten die jeweils aktuellen nationalen Forschungsberichte empfohlen. Diese Lektüre ist geeignet, in nützlicher Weise das alte Vorstellungssyndrom aufzulösen, wonach der Wissenschaftspflege eben unsere Hochschulen gewidmet sind. Sie sind es, das aber neben anderen Institutionen und längst zum geringeren Anteil. Entsprechend war es naiv, nämlich lebensfremd zu vermeinen, die Universitäten könnten zu Instanzen der politischen Kontrolle des Forschungsprozesses umfunktioniert werden, um endlich den profitorientierten Managern, den Organisatoren des militärisch-industriellen Komplexes gar die Forschungsressourcen zu entwinden und diese Ressourcen endlich gemeinwohldienlich zu verwenden. So wurde ja doch vor dreißig Jahren in universitären Vollversammlungen argumentiert, und „Auftragsforschung" war ein politisches Reizwort ersten Ranges. Das ist vorbei, aber nicht gänzlich folgenlos. Einige Schädigungen des Ansehens der Hochschulen sind zumal in Deutschland zurückgeblieben. Sie erschienen der außeruniversitären Öffentlichkeit zeitweise als institutionelle Residuen bürgerferner Weltfremdheit –

staatssubventioniert und belastet durch einen schwach entwickelten Sinn für die pragmatische Rechtfertigungsbedürftigkeit der Inanspruchnahme und Verwendung von Zuwendungen Dritter.

Inzwischen ist durchweg die Forschung, die im Durchschnitt der hochentwickelten Industriegesellschaften zwischen zwei und drei Prozent der Bruttoinlandsprodukte verbraucht, derart teuer geworden, daß damit zugleich auch eine strikte Relevanznachweispflichtigkeit der Forschungsaufwendungen schlechterdings unwidersprechlich geworden ist. Dabei ist, wie erläutert, die Rechtfertigungskraft trivialer und damit lebenspraktisch fundamentaler Zwecke in liberalen, also maximal ideologiefrei gewordenen Gesellschaften stets die überzeugendste. Das ist es, was heute, im Unterschied zu vergangenen Jahren, in welchen die Hochschulen noch als Nährboden für Großideologien fungierten, Drittmittel aller Art, auch wenn ihre Quelle die Industrie und die Wirtschaft sind, gern und als Geltungsbeweis eigener Forschungsleistungen in unseren Universitäten entgegengenommen werden. Die Produkte, die die Industrie entwickeln möchte, bleiben auf Märkten nach Nutzen und Nachteil dem Urteil des Publikums unterworfen, und dieses pflegt doch sein Geld im Regelfall nicht aus dem Fenster zu werfen. Allgemeine Rechtsvorschriften sichern von der Verwaltungsaufsicht bis zu den zivilrechtlichen Haftungspflichten den Produktionsprozeß ohnehin, und die inneruniversitäre, drittmittelbegünstigte Teilnahme an der Proliferation der forschungspraktischen Voraussetzungen neuer Produkte wirkt dann als beste Gewähr für die öffentliche Anerkennung, ohne die die Hochschulen ihre Arbeit auf Dauer nicht tun könnten.

Das alles gilt natürlich nicht nur für den Bereich der industriellen Produktion. Es gilt für die Interaktion zwischen Hochschulen und Schulen, für die mannigfachen Verbindungen unserer Hochschulen zu den Medien einschließlich der sogenannten Massenmedien desgleichen, und so in allem – vom Gesundheitswesen bis zur Migrationspolitik und von der Abfallwirtschaft bis zur Denkmalpflege.

Diese derzeit rasch fortschreitende Integration unserer Universitäten in die Interessenszusammenhänge, die einschließlich der ökonomischen Verwertungsinteressen die Geldgeber repräsentieren, bricht keineswegs mit der Humboldt-Tradition, sondern führt sie unter veränderten Randbedingungen fort. Wir erinnern uns doch: Die Universität stehe „immer in enger Beziehung auf das praktische Leben und die Bedürfniße des Staates" und unterziehe sich „praktischen Geschäften für ihn" – so Humboldt. Über den „Staat" hinaus sind es demgegenüber heute zahllose andere Institutionen, Organisationen und Kommunitäten auch, auf die die Universitäten mit ihren Forschungs- und Ausbildungsdienstleistungen sich beziehen. Daß Humboldt primär an den Staat dachte, hatte ja seine Basis, zum Beispiel, in dem Faktum, daß noch in der ersten Hälfte des 19. Jahrhunderts der weitaus überwiegende Teil der Absolventen der Philosophischen Fakultät in den Beruf eines Lehrers an höheren Schulen eintrat. An einigen unserer heutigen Universitäten ist inzwischen der Anteil der Absolventen von Studiengängen aus der Tradition der vormaligen Philosophischen Fakultäten, der noch in den Lehrerberuf eintritt, bis auf ein Viertel abgesunken, und der weitaus größere Rest wird anderswo tätig – in der Forschung zum Beispiel hochschulintern oder wirtschaftsintern,

als Mitarbeiter im Consulting-Dienstleistungsgewer-
be, im Management von kulturellen Einrichtungen öffentlicher oder privater Trägerschaft, als wissenschaftlicher Mitarbeiter von Fraktionen in Landtagen
oder von Abgeordneten in nationalen und supranationalen Parlamenten.

In den späten sechziger Jahren konnte in Deutschland, sogar aus professoraler Feder, die Idee ver-
öffentlicht werden, die Universität sei zur „vierten
Gewalt" im Staat zu erheben. Der ernsthafte Versuch,
diese Idee in die Realität umzusetzen, hätte Staat und
Universität gleichermaßen zugrunde gerichtet. Demgegenüber sind es die uns wohlbekannten, hier mit einigen Strichen skizzierten mannigfachen neuen Verbindungen der Hochschulen zu den öffentlichen und
privaten Institutionen und Organisationen, denen die
Hochschulen sich heute als Dienstleistungsunter-
nehmen empfehlen.

2.4 Könnerschaftszuwachs. Gründe unvermeidlicher Moralisierung der Wissenschaftspraxis

Als Indikator für die hier so genannte Moralisierung
der Wissenschaften ließe sich die Zahl der wissen-
schaftsnah inzwischen eingerichteten Ethik-Kommissionen nutzen und näherhin auch die Zahl der in diesen Kommissionen tätigen Wissenschaftler. Die einschlägigen Zahlen sind von unseren Wissenschaftsso-
ziologen längst vermessen, und sie sind eindrucksvoll.
Daß die Zuständigkeit des Wissenschaftsberufs bei
der Tatsachenfeststellung ende und die Verantwor-

tung des Wissenschaftlers bei der Gewährleistung so-
lider Begründung seiner theoretischen Behauptungen
– davon kann gar keine Rede sein. Der Kreis der
Handlungen, über den die besagten Ethik-Räte ihre
Aufgaben erfüllen, schließt sich ja eben nicht bei Fest-
stellungen, was der Fall sei. Er endet vielmehr bei
Normenbegründungen, bei Vorschlägen für ihre
administrative oder auch gesetzgeberische Inkraftset-
zung und in etlichen Zuständigkeitsfällen auch bei
normativ begründeten Handlungsentscheidungen im
Einzelfall – so regelmäßig in der klinischen Praxis.
Nicht, daß die Unterscheidung von Sein und Sollen,
die Philosophen bereits auf Proseminarstufe einzu-
üben pflegen, gegenstandslos geworden wäre. Diese
Unterscheidung ist unverändert gültig, und bei jeder
soliden Normenbegründung oder Einzelfallentschei-
dung wird sie vorausgesetzt. Geändert, nämlich dramatisch vergrößert hat sich der Umfang der Inanspruchnahme der Wissenschaftler für die Bedienung
des zunehmenden Normierungsbedarfs in Fällen, wo
die Findung von Normen nicht zuletzt, ja in erster Linie von der Verfügbarkeit von Tatsachenkenntnissen
und Theorien abhängt, die sich über die Grenzen gemeiner Erfahrung hinaus erstrecken. Niemand zwei-
felt entsprechend, daß auch die Sachverständigenräte,
die in Zuordnung zu unseren Ministerien arbeiten und
die regelmäßig mit Wissenschaftlern ersten Geltungs-
ranges besetzt sind, eine normierungspraktisch relevante Rolle spielen. Sie sind unbeschadet der verfas-
sungsrechtlich festgeschriebenen Kompetenzen der
Parlamente faktisch ein Element des Gesetzgebungs-
prozesses. Das prägt denn auch längst den Stil der öffentlichen Äußerung beratungserfahrener Wissenschaftler. Sie beschränken sich keineswegs auf Prädi-

kationen von „wahr" und „falsch" oder auch von
„wahrscheinlich" und „unwahrscheinlich". Sie treten
darüber hinaus mit Empfehlungen gemäß der Unterscheidung von „zweckmäßig" und „unzweckmäßig"
hervor, ja von Zulässigkeit oder Unzulässigkeit nach
Kriterien der Moral ist die Rede.

Das alles spiegelt sich selbstverständlich auch in
der öffentlichen Wahrnehmung moderner Wissenschaftspraxis. Um ganze Forschungszweige herum
wird immer wieder einmal der Ruch moralischer Zwei-
felhaftigkeit verbreitet. Der Verdacht äußert sich un-
geniert, daß von der Teilnahme an der einschlägigen
Forschungspraxis Beschädigungen der moralischen
Urteilskraft ausgehen könnten. Schon gibt es öffentliche Angriffe gegen Vorsitzende von Ethik-Kommissionen, die bekundet haben, daß sie die gesetzlichen
Rahmenbedingungen ihrer Tätigkeit, die für andere lediglich einen moralischen Minimalstandard repräsentieren, für moralisch hypertroph halten. Schaut man
genauer hin, so manifestieren sich in solchen Kontro-
versen letztinstanzlich oft religiös geprägte Optionen.
Diese sind nun gewiß ein maßgebender Teil unserer
öffentlichen Kultur. Aber auch destruktive Wirkungen
des wissenschaftsbezogenen Moralismus werden inzwischen sichtbar, dort zum Beispiel, wo man einen
Wissenschaftler, wie den erwähnten Ethik-Kommis-
sions-Vorsitzenden, der eine gesetzlich geltende
Norm nicht für unwidersprechlich begründet hält, öffentlich für „untragbar" erklärt, indem man ihm of-
fensichtlich nicht mehr zutraut, die Geltung eines Ge-
setzes, dessen Maßgaben er nicht uneingeschränkt für
richtig hält, nichtsdestoweniger bürgerpflichtgemäß
zu respektieren. Destruktiver Moralismus – er zeigt
sich in dieser Unfähigkeit, den stets fortdauernden

Unterschied von Moral und Recht anzuerkennen und
für lebbar zu halten.

Auch andere Indikatoren für eine progressiv verlaufende Moralisierung der Wissenschaften gibt es –
die Maßnahmen zur verschärften Selbstkontrolle der
Wissenschaftspraxis in der Absicht zum Beispiel, Pla-
giaten oder auch Fälschungen von Experiment-Proto-
kollen auf die Spur zu kommen. Es ist ja richtig: Prä-
mien der Publizität, die heute je nach dominantem öf-
fentlichem Interesse gelegentlich auch Forschungser-
gebnissen zuteil werden, wirken nicht zuletzt wegen
ihrer Bedeutung für Karrieren und Zuflüsse von För-
derungsmitteln wie ein süßes Gift. Entsprechend gibt
es Forschungsbetrug, und auch Plagiate kommen vor.
Nichtsdestoweniger ist die Neigung zur Bekundung
moralischer Erschütterung über dergleichen Vor-
kommnisse unangemessen. Alle Lebensbereiche kennen doch ihre nach wechselnden Lagen wechselnden
Formen der moralischen und rechtlichen Korruption,
und es wäre unbillig zu erwarten, daß es das im Unterschied zu anderen Kommunitäten speziell in der Wis-
senschaftlerkommunität sozusagen prinzipiell gar
nicht geben dürfe. Daß man aber just dieses dennoch
erwartet – darin spiegelt sich eine residual fortdauern-
de Geltung des Kuriositätsprinzips, die einen annehmen läßt, Sachleidenschaft und Intensität theoretischer Neugier haben doch wohl ihre Subjekte eo ipso
immun zu machen gegen Verführungen durch persön-
liche Nutzbarkeit von Forschungsresultaten. Pragma-
tisch gesehen sollte es ausreichen, gemäß den Maßgaben moralischer und rechtlicher Regeln, denen
selbstverständlich auch die Forschungspraxis unterliegt, ihrer Korruption mit den bekannten Einrichtungen, auch technischen Einrichtungen der Selbstkon-

trolle vorzubeugen. Es hat freilich seine Gründe, daß im modernen Forschungsbetrieb auch die Zahl dieser Kontrolleinrichtungen zunehmen muß.

Die interessantere Frage ist, wie sich die progressiv verlaufende Moralisierung nun auch der Wissenschaftspraxis erklärt. Was ist ihre Räson, nämlich ihr guter Grund? Empirisch gehaltvolles theoretisches Wissen läßt sich nicht nur, vergangenheitsbezogen, für Erklärungen oder, zukunftsbezogen, für Prognosen, also kognitiv nutzen. Es läßt sich zumeist auch praktisch in Handlungsmöglichkeiten umsetzen. Forschungsfortschritt bedeutet insoweit: Uns wachsen genau komplementär zur Dynamik dieses Fortschritts ständig neue Handlungsmöglichkeiten zu, die, eben weil sie neu sind, auch normativ noch gar nicht geregelt sind – weder moralisch noch gar rechtlich. Entsprechend sind Anomie-Erfahrungen modernitätsspezifisch. Das bedeutet: Wir wissen keineswegs immer sogleich schon, wie wir die neuen Nutzungsmöglichkeiten neuen Wissens und damit zugleich neuen Könnens normativ zu validieren haben – was wir dürfen und nicht dürfen, was erlaubt oder verboten oder auch geboten sei. Mit der Beantwortung der Fragen dieses Typus sind denn auch die eingangs erwähnten Ethik-Kommissionen und schließlich unsere gesetzgebenden Körperschaften beschäftigt.

Jedermann stehen heute allein schon kraft seiner Eigenschaft als Medienkonsument Beispiele forschungsevozierter Anomie zur Verfügung. Etliche dieser Fälle sind, nicht selten in zivilisationskritischer Absicht genutzt, sehr populär geworden. Schon vor mehr als zwanzig Jahren galt das exemplarisch für die uns über den medizinischen Fortschritt zugewachsenen Möglichkeiten der In-vitro-Fertilisation. Es wäre

purer Aberglaube zu meinen, daß man als moralisch
urteilsfähiger Bürger spontan zu sagen vermöchte, wie
man mit den mannigfachen Möglichkeiten, die einschlägigen medizinisch-wissenschaftlichen Fortschrit-
te zu nutzen, umzugehen habe. Daß es erlaubt, ja
sogar geboten sei, die Möglichkeiten der In-vitro-Fertilisation zur Therapie einer sonst nicht behebbaren
Unfruchtbarkeit zu nutzen, findet leicht überwiegende, wenn auch keineswegs einhellige Zustimmung.
Man müßte in die Details gehen, um plausibel zu machen, wieso auch in dieser inzwischen zum Standard-
fall gewordenen Causa das praktische Urteil zwiespäl-
tig ausfällt. Zumeist werden die sogenannten Leih-
mutterschaften überwiegend moralisch verworfen, gar
vom Gesetzgeber als vertragsfähig ausgeschlossen,
sind aber nichtsdestoweniger, nämlich in den USA,
des öfteren vorgekommen, so daß von Einhelligkeit
im moralischen Urteil selbst in diesem extremen Fall
nicht die Rede sein kann.

Es kommt auf die Details hier nicht an. Die Erinnerung an einschlägige öffentliche Debatten genügt, um
zu erkennen, daß generell wissenschaftspraktisch er-
öffnete neue Möglichkeiten des Handelns ethische Er-
örterungen in der Absicht der Normierung dieses
Handelns erzwingen. Mit der Dynamik des wissenschaftlichen Fortschritts wächst die Intensität dieses
Zwanges. Ersichtlich betreffen die Fälligkeiten der
Normierung neuer Handlungsmöglichkeiten nicht nur
die Moral. Die Phantasie des juristischen Laien reicht
aus, um zu erkennen, daß von den fälligen neuen Normierungen auch das geltende Recht berührt ist – im
exemplarisch herangezogenen Fall der Leihmutter-
schaft nicht nur das ärztliche Standesrecht, vielmehr
darüber hinaus auch das Familienrecht und das Unter-

haltsrecht. Das Obligationenrecht findet sich mit neuen Typen von Gewährleistungsansprüchen an die ärztlichen Dienstleistungen konfrontiert.

Moralische Regeln von allgemeiner pragmatischer Bedeutung setzen sich also stets in Rechtsregeln um. Schon aus diesem Grund sind in den mannigfachen Normenfindungskommissionen, deren Arbeit in Zuordnung zu den Regierungen oder auch zu den Parlamenten den förmlichen Gesetzgebungsverfahren vorausgeht, die Kompetenzen der Juristen in erster Linie gefragt. Nur sie verfügen ja über professionelle Kenntnisse der Systeme des geltenden Rechts, die von den fälligen Normierungen neuer Handlungsmöglichkeiten berührt sind und in die diese Neunormierungen, und sei es über partielle Änderungen bereits geltenden Rechts, sich einzufügen haben.

Gelegentlich werden Fragen, die zunächst einmal nichts als eine moralische Herausforderung darzustellen scheinen, sogar zu Fragen internationaler Politik und damit tendenziell zu Fragen des Völkerrechts. So empfahl Mitte der siebziger Jahre ein juristisch-medizinischer Sachverständigenausschuß, eingesetzt vom Ministerausschuß des Europarats, zur Erleichterung des Betriebs sogenannter Samenbanken in den Familienrechtssystemen der Mitgliedsländer des Europarats das Recht der Individuen auf Kenntnis ihrer genetischen Abstammung zu tilgen. Die Mitgliedsländer des Europarats fanden sich aufgefordert, zu diesem Vorschlag Stellung zu nehmen. Zu den mannigfachen Aspekten der Sache, die bei der Erörterung dieses Vorschlags zu berücksichtigen gewesen wären, gehört zum Beispiel die Frage, wie man die Kenntnis der eigenen genetischen Abstammung als Bestandteil der eigenen Identität kulturell einzuschätzen habe.

Wer möchte riskieren, auf diese Frage spontan eine
Antwort zu geben? Man braucht einige kulturge-
schichtliche Vertrautheit mit den Traditionen des Fa-
milienrechts, auch des Erbrechts, um abschätzen zu
lernen, wie in den uns jeweils primär prägenden Überlieferungen biologisch-genetische Identität und sozial-
kulturelle Identität miteinander verkoppelt sind. Tran-
szendentale Argumente, wie Philosophen sie zu hand-
haben wissen, helfen hier unmittelbar gar nicht weiter,
historisch unabgesättigte Kenntnis positiven Rechts
allein aber auch nicht. Kurz: Der Fall ist sehr komplex.
Wie diese oder jene Regelung, zu der man sich in Beantwortung der Initiative des Europarats vielleicht
hätte entschließen mögen, sich auswirken würde, ist
schwerlich abzuschätzen. Als Konsequenz ergibt sich
in solchen Fällen zumeist, die Finger von der Sache zu
lassen, und so entschied sich im fraglichen Fall auch
der deutsche Bundesjustizminister. Zurück blieb eine
nachhaltige Erfahrung der Anomiepotentiale des wissenschaftlichen Fortschritts bei allen, die mit der Sache befaßt waren, und der Sinn für die rechtspoliti-
sche, überdies internationale Seite der moralischen
Herausforderungen modernen wissenschaftsabhängig
gewordenen Lebens hatte sich geschärft.
     Dabei wäre es ein grober Irrtum anzunehmen, daß
die Wissenschaftler, allein schon kraft ihrer Rolle eben
als Wissenschaftler, über eine besondere Kompetenz
zur moralischen Beurteilung der von ihnen eröffneten
neuen Handlungsmöglichkeiten verfügten. Der Wis-
senschaftlerberuf unterliegt selbstverständlich, wie jeder Beruf, speziellen moralischen Anforderungen.
Aber zu einer allgemeinen moralischen Autorität wird
über eintrainierte und respektierte Berufsmoral niemand und auch Professoren nicht. Nichtsdestoweni-

ger sind es aber zumeist Professoren, die in den eingangs genannten Ethik-Räten Einsitz nehmen, und
das hat seinen Grund. Das ist deswegen so, weil die
Findung der Normen, denen wir die uns forschungspraktisch zuwachsenden neuen Handlungsmöglichkeiten zu unterwerfen haben, in erster Linie nicht eine
zusätzliche Mobilisierung des guten Willens, unseres
moralischen Gemeinsinns oder auch eine Sonderan-
spannung unseres Gewissens verlangt, vielmehr, unter
den Vorgaben gemeiner Moral, die Einsicht in die na-
turalen oder auch sozialen Kausalitäten, die wir durch
unser wissenschaftlich-technisch instrumentiertes
Handeln auslösen. Anders gesagt: In der wissenschaftlich-technischen Zivilisation wird für den größeren
Teil unserer neuen Handlungsmöglichkeiten der Nor-
mierungsbedarf mittels Betätigung der instrumentellen Vernunft bedient, und eben für deren Betätigung
verfügen die Wissenschaftler und Techniker nun in
der Tat über eine spezielle Kompetenz. Der Begriff
der instrumentellen Vernunft hat, kraft der Wirkungen des bekannten einschlägigen Buches von Max
Horkheimer, keine gute Presse. Denn was ist, nach
Horkheimer, das Charakteristikum der instrumentellen Vernunft? Diese defiziente Vernunft, so will es
Horkheimer, beschränke sich auf die Gewährleistung
technischer Rationalität, das heißt, sie kontrolliere die
„Angemessenheit von Verfahrensweisen an Ziele",
während sie „der Frage wenig Bedeutung" beilege, ob
auch „die Ziele als solche vernünftig" sind.

   In dieser Charakteristik der sogenannten instrumentellen Vernunft wird das Normengenerierungspo-
tential, das dem wissenschaftlichen und technischen
Wissen schon als solchem eignet, verkannt, und es läßt
sich zeigen, daß wir just auf dieses Potential zur Bedie-

nung des Normenbedarfs in der modernen Zivilisation in rasch wachsendem Ausmaß angewiesen sind. Es ist eine höchst unzweckmäßige Beschreibung unserer Lage zu sagen, die wissenschaftlich-technische Intelligenz repräsentiere als solche eine moralische Inkompetenz, der philosophisch erst noch aufgeholfen werden müßte. Vielmehr repräsentiert diese Intelligenz Kompetenz für die Emendation der Zweckrationalität unseres Handelns in Gemeinsamkeitshorizonten moralischer Selbstverständlichkeiten, deren Vergegenwärtigung dann in der Tat zu den traditionellen Aufgaben der Philosophen gehört.

Wie auf diese Weise in der modernen Zivilisation in der Absicht der Normenfindung moralischer Common sense und wissenschaftliches, näherhin sogar naturwissenschaftliches Fachwissen zusammenwirken – dafür sei auch an dieser Stelle ein Fall zitiert, der den Vorzug hat, nicht fiktiv, vielmehr real zu sein und zugleich sehr einfach, das heißt didaktisch zweckmäßig. Also: Die Bewohner und Gäste des Bodenseeufers kennen, als international geschätzten Edelfisch, das Felchen. Dessen Bestände gingen in den siebziger Jahren dramatisch zurück. Wieso? Die öffentliche Meinung äußerte sich spontan überzeugt, die Felchenbestände seien von der Verschmutzung des Bodenseewassers bedroht. Das war, in der Pauschalität dieser Vermutung, nicht einmal falsch, wenngleich die Kausalitäten bei näherem Hinsehen, wie es nur den Fachleuten möglich ist, sich mit erheblichen politischen Handlungsfolgen ganz anders darstellten als vermutet. Wären nämlich die Felchen schlicht dem modernen Industrie- und Landwirtschaftsdreck zum Opfer gefallen, so hätten allein produktions- und abwässertechnische Radikalmaßnahmen zur Minderung der

Dreckimmissionen die Felchen retten können. Ganz
unbeschadet aber des berechtigten Wunsches, ja der
höheren Notwendigkeit, die Qualität des Bodenseewassers soweit wie irgend möglich den vorindustriel-
len Verhältnissen anzugleichen, blieb im fraglichen
Fall zum Glück eine einfachere Maßgabe übrig, die geeignet war, die Felchenpopulation zu regenerieren.
Die einzig den Experten zugängliche Kausalität beim
Rückgang der Felchenpopulation war nämlich diese,
daß die Felchen nicht am Schmutz krepierten, daß sie
vielmehr wegen der schmutzbedingten Eutrophierung
des Bodenseewassers überreichlich Nahrung fanden –
mit der Folge, weit über ihre altbekannte Größe hinaus zu wachsen, entsprechend schon als jungfräuliche
Fische in den Maschen der Netze hängenzubleiben
und somit zum Laichen keine Gelegenheit mehr zu
finden. Die fällige fischereitechnische Maßnahme, die
aus der Einsicht in diese Kausalität folgen mußte, ergab sich sachkonsequent: Die Netzmaschengröße war
zu erweitern, und die entsprechenden Verordnungen
ergingen alsbald von den zuständigen Oberbehörden
der Bodenseeanliegerstaaten.

Das Zuordnungsverhältnis von Moral, Technik
und Politik ist in diesem, wie gesagt, nicht-fiktiven Fall
unschwer erkennbar. Unzweifelhafte Gehalte der Gemeinmoral, in der zugleich unsere gemeinsamen Interessen fixiert sind, konstituieren in müheloser moralischer Reflexion die allseits anerkannte Verpflichtung,
in Orientierung am Eigenrecht der Natur, in Respekt
vor der Schöpfung und im Interesse unserer selbst
und unserer Kinder und Kindeskinder alles zu tun,
was geeignet ist, die Bodenseefelchen zu retten und
für die naturale und kulturelle Nachwelt zu erhalten.
Aber wie man könne, was die Gemeinmoral unum-

stritten zur Geltung bringt, daß man es tun müsse –
das war im vorliegenden Fall keineswegs eine Sache
gemeiner Erfahrung und des praktischen Common
sense, vielmehr der einzig fachmännisch zu gewinnen-
den Einsicht in sehr komplexe, den Common sense
überraschende Kausalitäten, aus denen sich in diesem
Fall die Technologie der fälligen Maßnahme wie geschildert ergab.

2.5 Der kulturelle Bedeutsamkeitsverlust wissenschaftlicher Weltbilder und die politischen Aufklärungswirkungen des Fundamentalismus

Im 19. Jahrhundert war kulturell großräumig die Meinung verbreitet, der auch damals schon dramatisch
verlaufende Fortschritt der Wissenschaften werde die
Religion absterben lassen. An die Stelle von Mythen
und Glaubenssätzen trete das wissenschaftliche Weltbild. Die wissenschaftliche Wahrheit befreie uns aus
der Bindung an vorwissenschaftliche Dogmen und
löse mit letztlich wohltätiger Wirkung illusionäre
Hoffnungen auf, die auf unbegründeten Wirklichkeitsannahmen beruhen. Relikte dieses Selbstver-
ständnisses der Wissenschaft als eines Mediums kognitiver Aufklärung und Befreiung lassen sich auch
heute noch antreffen. Auf der Straßenfrontseite des
Universitätsgebäudes zu Freiburg im Breisgau zum
Beispiel, das aus dem Anfang des 20. Jahrhunderts
stammt, prangt in goldenen Lettern die Inschrift „Die
Wahrheit wird Euch frei machen".
Ich unterstelle, daß es gegenwärtig schwerlich noch

einem Universitätsarchitekten einfallen dürfte, für die
öffentliche Vergegenwärtigung des Sinns unserer Wissenschaftspraxis das Johannes-Evangelium in Anspruch zu nehmen. In den hochentwickelten Ländern
gibt es jenes Selbstverständnis der Wissenschaft nicht
mehr, das es nahelegen und erlauben würde, die Verheißungen, die sich mit der Wissenschaftspraxis ver-
knüpfen mögen, mit der Verheißung des Evangeliums
zu konfundieren und auf diese Weise in ihrem Ur-
sprungssinn gegenstandslos zu machen. Das ist nicht
deswegen so, weil der von unseren Religionssoziolo-
gen so eindrucksvoll beschriebene Säkularisierungsprozeß inzwischen weit fortgeschritten wäre, also die
religiösen Orientierungen an Öffentlichkeitsfähigkeit
verloren hätten und ein studentisches oder auch pro-
fessorales Publikum kaum noch existierte, das in jenem Spruch spontan das Wort des Evangeliums wie-
derzuerkennen vermöchte.

Insoweit verhält sich die Sache eher umgekehrt:
Der empfindliche Sinn ertrüge heute die Säkularisierung des Worts aus dem Johannesevangelium nicht
mehr, die man betriebe, wenn man für den Effekt, wie
er heute mit wissenschaftlichen Auskünften über das,
was der Fall ist, sich verbinden mag, Wirkungen einer
kognitiven Befreiung emphatischen Charakters in Anspruch nähme.

Man erkennt das, wenn man sich, im Kontrast zu
unserer gegenwärtigen wissenschaftskulturgeschichtlichen Lage, die besonderen, inzwischen längst ge-
schwundenen Bedingungen vor Augen rückt, die
damals, also im Beginn des vergangenen Jahrhunderts,
den wissenschaftlichen Erkenntnisfortschritt als einen
Vorgang der Befreiung zu feiern erlaubten. Was waren
das für Bedingungen? Ich möchte sie durch den da-

mals noch fortdauernden Anschein eines Konflikts
zwischen wissenschaftlicher und religiöser Wirklichkeitsorientierung kennzeichnen. „Oh Gott, laß es
nicht wahr sein, und wenn es doch wahr ist, so sorge
dafür, daß es nicht weiter bekannt wird" – so soll gemäß einem vielzitierten Bericht über den Verlauf der
Oxforder Jahresversammlung der „British Associa-
tion for the Advancement of Science" Ende Juni 1860
die anwesende Frau des Bischofs von Worcester in ein
Stoßgebet ausgebrochen sein, als sie Thomas Henry
Huxley, den Freund Darwins, dessen neue Lehre vor-
tragen hörte.

Kulturgeschichtlich bedeutet das: Der wissenschaftliche Fortschritt hatte hier tatsächlich noch religiösen Zumutungscharakter. Theoretische Mitteilun-
gen über das, was der Fall ist oder gewesen ist, schie-
nen die Integrität des Glaubens zu gefährden. Seitens
derer, die sich dieser Gefährdung ausgesetzt sahen,
wurden die Wahrheiten des Glaubens – im exemplarisch erwähnten Fall die des Schöpfungsglaubens – als
Indikatoren für den häretischen Charakter eines aktuellen Versuchs in Anspruch genommen, das wissenschaftliche Bild der Welt, in der wir leben, abzuän-
dern. „Das darf nicht wahr sein!" – auf diesen Ge-
meinspruch ließe sich der Widerstand bringen, mit
dem hier Fromme auf den wissenschaftlichen Erkenntnisfortschritt reagierten, und zwar je nach der
Verfassung ihres Glaubens sowie ihrer Stellung im
Kirchenleben besorgt oder empört oder auch spöt-
tisch.

Noch ein Vierteljahrhundert nach dem Oxforder
Naturwissenschaftler-Treffen wurde im preußischen
Abgeordnetenhaus zwei Tage lang über die Dreistig-
keit eines berühmten Professors debattiert, sich bei ei-

ner kulturpolitisch herausragenden Gelegenheit öffentlich zum Darwinismus bekannt zu haben. Die aus Kulturkämpfen gestärkt hervorgegangene römische Kirche bekräftigte damals mannigfach, als Hüterin des wahren Glaubens, ihren Einspruch wider die Irrtümer der modernen Wissenschaft. Katholikentage waren schwerpunktmäßig dem Kampf gegen die Weltbildzumutung des Darwinismus gewidmet, und über Jahre hin widmeten sich Jesuitenzeitschriften vorrangig der Aufgabe, die Gebildeten unter den Frommen wider die Versuchungen wissenschaftlicher Weltanschauung zu immunisieren.

Die Wissenschaftler ihrerseits nahmen die Herausforderung des kirchlich organisierten kulturpolitischen Widerstands gegen das an, was sie, die Wissenschaftler, für wahr zu halten Gründe zu haben glaubten. Im Extremfall hieß das: Naturforscher- und Ärzteversammlungen stilisierten sich als Anti-Kirchentage. Wissenschaftlervereine gewannen den Zuschnitt von aggressiven Kultursekten mit religionskritischer Programmatik. Nobelpreisträger hielten sonntags zur Gottesdienstzeit säkulare weltanschauliche Predigten. Exkursionen zu den Hauptfundstätten der Paläontologie glichen Wallfahrten säkularisierter Reliquienverehrung. Das wissenschaftliche Bild der Welt, in der wir leben, wurde kulturpolitisch als weltanschauliches Volläquivalent veralteter religiöser Weltbilder propagiert.

So oder so: Die Erfahrung des Konflikts zwischen wissenschaftlicher und religiöser Wirklichkeitsorientierung prägte unsere öffentliche Kultur noch vor fünfviertel Jahrhunderten und darüber hinaus auch noch bis in den Beginn des 20. Jahrhunderts. Es ist dieser Konflikt, der damals die wissenschaftliche

Wahrheit pathosfähig sein ließ. Sie öffentlich zu vertreten verlangte dem Professor noch gewisse Eigenschaften eines Konfessors ab, das heißt, man mußte sich unter Umständen als skandalfähig erweisen – als standfest im Sturm, der im Blätterwald rauschte. „Die Wahrheit wird Euch frei machen" ist als Universitätsinschrift ein Reflex dieser wissenschaftskulturgeschichtlichen Lage. Ihre Verheißung war die Verheißung definitiver Emanzipation wissenschaftlicher Erkenntnisbemühung aus vermeintlich kanonisierten Weltbildvorgaben religiöser Prägung. „Während das hl. Offizium des Kopernikus Anhänger mit Feuer und Kerker verfolgte, ruht Charles Darwin in Westminster Abbey" – so hatte der weltberühmte Berliner Physiologe Emil Du Bois-Reymond bereits 1883 diese Unaufhaltsamkeit der Emazipation des wissenschaftlichen Erkenntnisfortschritts aus allen dogmatischen Bindungen wirkungskräftig ausgedrückt. Der deutsche Erzdarwinist Haeckel hatte sogar angenommen, im kulturellen Triumph der Wissenschaft über jeglichen religiösen Aberglauben würden die Kirchenbauten über kurz oder lang funktionslos geworden sein, so daß sie zu Schauhäusern des wahren Bildes der Welt, in der wir leben, nämlich zu Naturgeschichtsmuseen würden umfunktioniert werden können.

Inzwischen sind die skizzierten Weltanschauungskämpfe, zumal nach dem Untergang des real existent gewesenen Sozialismus mit seiner kämpferisch atheistischen Ideologie, fast vollständig erloschen. Immer wieder einmal, gewiß, flammt in den USA der sogenannte Creationistenstreit auf, und biblische Fundamentalisten begehren, daß im Unterricht öffentlicher Schulen der Schöpfungsglaube als volläquivalente Alternative zur Evolutionstheorie angeboten werde.

Man tritt den Creationisten nicht zu nahe, wenn man
ihr Beharren auf der Unvereinbarkeit von Glauben
und Wissenschaft für ein kulturgeschichtliches Relikt
hält. Sieht man von solchen Spezialfällen einmal ab, so
ist, was das Verhältnis von Religion und Wissenschaft
anbelangt, nicht der Triumph der Wissenschaft über
die Religion, vielmehr die vollendete religiöse und
weltanschauliche Neutralität des Erkenntnisfortschritts das Charakteristikum unserer wissenschafts-
kulturellen Gegenwartslage. Wissenschaftliche Auskünfte über das, was der Fall ist, haben, auf der kognitiven Ebene betrachtet, ihren Zumutungscharakter
zumeist gänzlich verloren. Wir vermögen nicht mehr
zu sagen, welchen Unterschied es in weltanschaulicher
und religiöser Hinsicht eigentlich ausmacht, ob der
Fall ist, was man in den Wissenschaften noch gestern
dafür hielt, oder ob statt dessen der Fall ist, wofür
heute überwiegende forschungspraktische Gründe
sprechen.

Man hat gelegentlich vermutet, die abnehmende
Kraft der Wissenschaft zur Provokation kultureller
Weltanschauungskrisen sei ein Effekt abnehmender
weltbildrevolutionärer Eingriffstiefe heutiger wissenschaftlicher Innovationen. Danach hätte die koper-
nikanische Revolution unsere Kulturgenossenschaft
noch wirklich in eine andere Welt versetzt und analog
auch die Darwinsche Revolution mit ihrer Zumutung,
uns in unserer Zugehörigkeit zu unserer Spezies als
Resultat einer Evolution erkennen zu sollen, in der wir
einmal spezifisch etwas anderes waren als das, was inzwischen aus uns geworden ist. Weltbildänderungen
von analoger Dramatik hätten sich aber seither nicht
wiederholt, und entsprechend habe sich der kulturelle

Aufregungswert wissenschaftlicher Innovationen verringert.

Gegen diese Deutung fortschreitender kultureller Neutralisierung des Erkenntnisfortschritts hat insbesondere Karl Popper eingewandt, von einer rückläufigen Dramatik in der Ablösung wissenschaftlicher Hypothesen könne in Wahrheit gar nicht die Rede sein. Und in der Tat: Es ließe sich nicht sagen, wieso der Streit zwischen den Hypothesen eines am Ende seiner Expansion schwerkraftabhängig in sich zurücksinkenden Kosmos einerseits und eines unbegrenzt expandierenden Kosmos andererseits von geringerer Dramatik sein soll als der Streit zwischen dem kopernikanischen Weltbild und jenem anderen, gegen das es sich schließlich durchgesetzt hat. Auch für die molekulardarwinistische Auflösung der fixen Grenze zwischen Belebtem und Unbelebtem gilt ersichtlich, daß ihre weltbildverändernde Relevanz nicht geringer, vielmehr eher noch größer ist als die Darwinsche evolutionstheoretische Verflüssigung der Grenzen zwischen den Spezies. Dennoch nehmen wir heute Weltbildrevolutionen dieser tief eingreifenden Art, und sei es als Medienkonsumenten, im Regelfall ohne sonderliche weltanschauliche oder religiöse Beunruhigung zur Kenntnis. Nicht, daß uns der einschlägige Wissenschaftsfortschritt heute weniger als noch vor einhundert Jahren interessierte; aber dieses Interesse ist schlechterdings nicht mehr ein Interesse aus vermuteter weltanschaulicher oder gar religiöser Relevanz dessen, wofür wir uns insoweit interessieren. Wir vermögen, noch einmal, nicht mehr auszusagen, welchen Unterschied es in religiöser oder weltanschaulicher Hinsicht eigentlich ausmacht, ob für das gestrige oder für das heutige Bild der Welt, in der wir leben, dominante forschungspraktische Gründe sprechen. Eben deswegen lassen wir uns ungerührt jede wissenschaftliche Weltbildrevolution gefallen, und genau das ist die wissenschaftskulturgeschichtliche Lage, auf die die Emphase der Universitätsinschrift „Die Wahrheit wird Euch frei machen" nicht mehr passen will.

Wie erklärt sich dieser inzwischen nahezu vollendete Vorgang religiöser und weltanschaulicher Neutralisierung des wissenschaftlichen Erkenntnisfortschritts? Die Antwort auf diese Frage scheint mir zu lauten: Die orientierungspraktische Bedeutsamkeit des wissenschaftlichen Erkenntnisfortschritts nimmt mit der zunehmenden Lebensweltferne dieses Fortschritts ab. Je tiefer die Wissenschaften in die Dimensionen des sehr Großen, des sehr Kleinen und des sehr Komplizierten eindringen, um so weniger tangieren sie unsere Primärerfahrungen. Auch dann, wenn wir, durch die Kunst unserer Wissenschaftspopularisatoren angeleitet, also etwa als Leser des Wissenschaftsfeuilletons, den Erkenntnisfortschritten der Wissenschaften noch einigermaßen glauben folgen zu können, geht doch von diesen Fortschritten ihrer Lebensweltferne wegen keinerlei kulturell bedeutsame Orientierungsirritation mehr aus. Eben deswegen sind den Subjekten des Wissenschaftsfortschritts, den Wissenschaftlern, im Regelfall auch keinerlei Konfessoreneigenschaften mehr abverlangt. Der Forscher wird, sozusagen, definitiv zum Professor, und die Aura des Finders befreiender Wahrheit, die ihn mit der zitierten universitären Goldletterninschrift noch umgab, verflüchtigt sich.

2.6 Vergangenheitsvergegenwärtigung oder die Modernität der historischen Kulturwissenschaften

Wenn bislang von „Wissenschaft" die Rede war, so waren die „Sciences" gemeint – also nicht die „Humanities" und damit nicht die deutschkulturell zumeist so genannten Geisteswissenschaften. Diese haben ja ersichtlich nicht den Nutzen, der die Beantwortung der Relevanzfrage bei den Natur-, Technik- und Medizin-Wissenschaften leicht macht, und das macht plausibel, daß viele Geisteswissenschaftler, die mit der Erbringung einschlägiger Relevanznachweise in Schwierigkeiten geraten, ein Krisenbewußtsein ausbilden. In Wahrheit ist dieses Krisenbewußtsein, überwiegend, gegenstandslos, und entsprechend möchte ich jetzt abschließend zeigen, wieso eben unsere wissenschaftlich-technische Zivilisation, deren veränderungskräftigster Faktor die Sciences sind, zugleich kraft der kulturellen Folgen dieser Veränderungen die Geisteswissenschaften begünstigt. Also: Nie zuvor war eine Zivilisation vergangenheitsbezogener als unsere eigene. Das Ausmaß unserer Anstrengungen, Vergangenes gegenwärtig zu halten, ist historisch singulär. Mit dem Modernitätsgrad unserer Zivilisation wächst zugleich die Intensität ihrer progressiven Selbsthistorisierung.

Exemplarisch spiegelt sich das in den harten Fakten der Museumsstatistik. Die Zahl der Besucher unserer vielen Museen übersteigt inzwischen alljährlich die Zahl der Einwohner unseres Landes beträchtlich. Mehr als ein Zehntel aller bis 1950 im Gebiet der heutigen Europäischen Union errichteten Bauwerke sind inzwischen zu Objekten des Denkmalschutzes erhoben worden. Große Historiographie ist bestsellerträchtig.

Wieso ist das so? Was ist der Grund dieser Vergangenheitsbezogenheit? Die Antwort, das sei ein Wohlstandsphänomen, ist richtig, aber unzulänglich. Man könnte ja, was wir uns heute unsere blühende historische Kultur kosten lassen, auch anders verwenden. Was also ist der Grund der Nötigkeit unserer Vergangenheitszugewandtheit?

Es handelt sich um eine Konsequenz der zivilisatorischen Innovationsdynamik. Zur Neuerungsrate verhält sich die Alterungsrate genau komplementär. Der Fortschritt ist eine vergangenheitserzeugende Kraft. Herkunft und Zukunft treten auseinander, und das historische Bewußtsein ist das nötige Medium ihrer Verknüpfung.

Wer wir sind – das sagt uns unsere Geschichte. „Je suis mon passé" – so heißt das bei Jean-Paul Sartre. Mit dem Tempo der Änderung unserer Lebensverhältnisse verfremden sich jedoch unsere Herkunftswelten, und es bedarf expliziter Anstrengungen ihrer Vergegenwärtigung, um sie aneignungsfähig und wechselseitig zuschreibungsfähig zu halten. Es handelt sich um Leistungen der Kompensation von Erfahrungen temporaler Identitätsdiffusion. Die Nachfrage nach diesen Leistungen wächst modernitätsabhängig an. Die historischen Kulturwissenschaften, als der Kern der Geisteswissenschaften, finden sich davon begünstigt. Entsprechend ist auch die in jüngstvergangenen Jahrzehnten immer wieder einmal thematisierten Krise dieser Wissenschaften keine Krise aus modernitätsbedingt wachsendem Desinteresse an historischen Gegenständen.

Selbst im Verhältnis zu den Naturwissenschaften, der Medizin und den Technikwissenschaften sind die Geisteswissenschaften keineswegs in Bedrängnis gera-

ten. Die Evidenz unserer Abhängigkeit von den nutzbaren Wissenschaften ist in der Tat bezwingend. Zugleich sind diese Wissenschaften über ihre Nutzung
zur stärksten Kraft der Dynamisierung und damit der
Veränderung unserer Lebenswelten geworden. Just
diese Veränderung erzwingt aus den erläuterten Gründen die Selbsthistorisierung unserer Zivilisation. Das
erklärt auch, wieso wissenschaftsgeschichtlich die historischen Kulturwissenschaften im Verhältnis zu den
Naturwissenschaften die jüngeren Wissenschaften
sind. Weltveränderung mehrt den Erinnerungsbedarf,
der durch die Geisteswissenschaften bedient und me-
thodisch-forschungspraktisch diszipliniert wird. Von
einer Überflüssigkeitskrise sind somit die Geisteswissenschaften nicht betroffen. Eher machen ihr Anzeichen einer Überforderungskrise zu schaffen.

Budgetär ist diese Überforderungskrise ohnehin
manifest. Der Druck der Anforderungen, dem die historischen Kulturwissenschaften unterliegen, wächst
rascher als die Möglichkeiten der materiellen Erfüllung dieser Anforderungen. Das reicht von der langen
Liste der Editionsdesiderate bis zu den unerledigten
Archivneubauten und von den unbedienten Notfällen
der Denkmalpflege bis hin zur Frustration notgrab-
ungsbereiter Regionalarchäologen in Neubau- oder
Tagebaugebieten.

Indessen: Die Überforderung der historischen Kulturwissenschaften durch Mangel materieller Mittel ist
trivial. Sie betrifft überdies, soweit es sich um öffentliche Mittel handelt, die Geisteswissenschaften nicht allein. Wichtiger sind die prinzipiellen Gründe, die die
Kultur der Erinnerung in der modernen Zivilisation
Erfahrungen der Überforderung ausgesetzt sein lassen. Die Sache ist die: Die zivilisationsevolutionäre

Verwandlung unserer Lebenswelten in vergangene Lebenswelten vollzieht sich inzwischen rascher als die
kompensatorische Expansion der Kapazitäten unserer
Erinnerung, über die wir, was wir waren, mit unserer
Gegenwart selbstvergewisserungsdienlich verknüpft
halten sollten. Das wäre exemplarisch zu zeigen – aber
nicht mehr an dieser Stelle.

3 Globalisierung oder der Ausbreitungserfolg der wissenschaftlich-technischen Zivilisation

Die westliche Zivilisation ist in auffälliger Weise selbstanklagebereit. Es handelt sich dabei um eine christliche Herkunftsprägung aus der fortdauernden Tradition der Beicht- und Bußpraxis. Diese Tradition ist heute bis in den politischen Lebenszusammenhang hinein wirksam. Zumal seit dem Ende des Kalten Krieges ist der Entschuldigungsritus zu einem Element internationaler Beziehungen geworden. Regierungschefs, ja Staatspräsidenten beziehen sich auf politische Großverbrechen, die zur Geschichte ihrer Länder gehören, mit öffentlichen Schuldeingeständnissen. Vor dem Hintergrund schlimmer Vergangenheiten wird guter Wille zu einer besseren gemeinsamen Zukunft bekundet.

Aus der Geschichte der christlichen Beichte ist wohlbekannt, daß öffentliche Schuldeingeständnisse über ihren guten moralischen Sinn hinaus auch prekäre Wirkungen entfalten können. Die Adressaten der Entschuldigung haben gelegentlich Schwierigkeiten, der Versuchung zu widerstehen, die Selbstdemütigung des Büßers auszubeuten. Die Büßer ihrerseits erliegen, um ihren neu gewonnenen moralischen Status noch zu erhöhen, gelegentlich der altvertrauten Sünde des

Sündenstolzes und bereuen in der Hoffnung auf Mehrung ihrer moralischen Glaubwürdigkeit Fiktives. Ein politisch harmloses, wissenschaftspraktisch aber gelegentlich schadensträchtiges Beispiel dafür wäre die Neigung der Angehörigen westlicher Kulturintelligenz, die Kultur, die sie repräsentieren, als selbstbezogen zu tadeln. „Eurozentrismus" ist der geläufige Name der europäischen Version dieser Selbstmißbilligung. Es handelt sich dabei um einen seiner Gegenstandslosigkeit wegen verblüffenden kulturpolitischen Moralismus. Kulturhistorisch liegen doch in auffälliger Fülle die Fakten zutage, die, statt Selbstbezogenheit, eine im interkulturellen Vergleich auffällige Neigung und Fähigkeit des neuzeitlichen Europa erkennen lassen, das Bessere seiner selbst anderswo zu vermuten. Just darum handelt es sich doch, zum Beispiel, bei der gemeineuropäischen Sinophilie des Barock- und Aufklärungszeitalters. Jeder Tourist kennt, von Paris über Potsdam und München bis nach St. Petersburg, die Manifestationen der Chinoiserie des 18. Jahrhunderts. Es handelt sich dabei um zugleich ästhetisch nutzbare Formen der Bewunderung von Vorzügen der chinesischen Hochkultur komplementär zu kulturkritisch beklagten Schwächen der europäischen. Worum es dabei der Sache nach ging, ist hier nicht darzustellen – ebensowenig wie die Anlässe europäischer Selbstkritik in der Indophilie der Romantik. Aber auch selbstkritikfreie Aufgeschlossenheit für bewundernswerte Einzigartigkeiten anderswo bringt sich in der europäischen Kultur zur Geltung – in ihren Orientalismen zum Beispiel von Goethes West-östlichem Divan bis zu Hauffs exotischen Kunstmärchen. Auf Rousseaus Spuren wird das alles dann in Völkerkunde und Ethnologie wissenschaftlich positiviert, auch musealisiert. In Deutschland ist dafür Leipzig wissenschaftsgeschichtlich ein markanter Platz – allein schon mit den früher einmal vielstudierten zehn Bänden der Völkerpsychologie Wilhelm Wundts. Die europäische Kultur ist also eine vergleichserprobte Kultur, und selbstverständlich gilt das längst uneingeschränkt für den gesamten „Westen". Ein markantes Resultat des Kulturvergleichs sei hier aufgegriffen, nämlich die singuläre Ausbreitungsdynamik der wissenschaftlich-technischen Zivilisation westlicher Prägung und, nach ihren Ursprüngen, europäischer Herkunft. Nach Tempo, Reichweite und Nachhaltigkeit ist die inzwischen erreichte Omnipräsenz dieser Zivilisation konkurrenzlos, und jeder amerikanische oder europäische Tourist, der eine Weltreise in der Absicht unternimmt, sich Anschauung fremder Kulturen zu verschaffen, findet sich den kulturellen Interferenzeffekten ausgesetzt, die aus der Ausbreitungsdynamik der wissenschaftlich-technischen Zivilisation resultieren. Er sucht die Pagoden oder die präkolumbianischen Pyramiden oder die Chinesische Mauer, und überall erheben sich am Horizont seiner Landeplätze die Hochhauswälder der Megastädte von Shanghai bis Mexiko und von Lagos bis Kairo. Gewiß: Auch symbolisch hochbedeutsame Kulturelemente nicht-westlicher Herkunft breiten sich gegenwärtig, vor allem im Westen, rasch aus – Moscheen oder auch emanzipationsresistente, verhüllungsdienliche Bekleidungssitten. Aber das alles begegnet uns nahezu exklusiv im Kontext der Migrationsströme. Kulturkonversionen ereignen sich dabei extrem selten – am ehesten noch über Partnerschaftsbildung in Unterschichtenmilieus einerseits und im Sondermilieu zivilisationskritisch motivierter westlicher Intellektueller andererseits, die uns dann und wann als Neo-Buddhisten oder als selbstgewisse Neu-Muslime begegnen.

Demgegenüber erfolgt die Ausbreitung der wissenschaftlich-technischen Zivilisation inzwischen überwiegend migrationsunabhängig. Wanderarbeiter, gewiß, brachten und bringen ihre im fernen Westen erworbenen Zivilisationsgüter vom Pkw bis zur Waschmaschine in die Vormodernität ihrer Herkunftsräume zurück. Indessen: Die Globalisierung der wissenschaftlich-technischen Zivilisation ist seit langem schon überwiegend ein Phänomen ihrer nach Kapital, Organisation und Kompetenz autonomen Fortentwicklung im Rahmen von Kulturen nicht-westlicher Herkunftsprägung. Weltweit als Exportartikel erfolgreiche indische Software basiert nicht auf Raubkopien, und die Dominanz japanischer Fernsehkameras ist nicht der Schmutzkonkurrenzerfolg eines Billiglohnlandes. Kurz: Die sich globalisierende wissenschaftlich-technische Zivilisation evolviert in vielen Teilen der Welt längst ohne jede Rückbindung an einen alteuropäischen Herkunftskulturmutterboden. Auch Koreaner, gewiß, studieren gelegentlich Latein oder Griechisch. Aber sie tun es dann so, wie wir gelegentlich Sanskrit studieren, und somit nicht in der Meinung, die Erfolge ihrer Werftindustrie seien, um diese Erfolge nachhaltig zu machen, mit einem authentischeren, auch noch die Aristotelische Technikphilosophie einschließenden Traditionsbewußtsein auszustatten.

Entsprechend stellt sich die Frage, wie sich die im interkulturellen Vergleich singuläre Ausbreitungsdynamik der wissenschaftlich-technischen Zivilisation erklären lasse. Auf diese Frage gibt es eine inzwischen traditionsreiche und nichtsdestoweniger falsche, zumindest grob mißweisende Antwort aus den Motiven der eingangs zitierten westlichen Selbstkritik. Man verweist auf den Kolonialismus und auf den kolonialistischen Imperialismus als äußerstes Stadium des Kapitalismus, und in der Tat: Die Agrotechnik der Plantagen-Farmer, der Eisenbahnbau von Südafrika bis nach Indien, überall die Güterumschlagtechnik der großen Hafenplätze und überdies Militärorganisation und Waffentechnik sind Begleitphänomene expandierender Kolonialmacht gewesen. Und wer inzwischen intellektuell emanzipiert genug ist, in die westliche antikolonialistische Selbstkritik auch den Kommunismus einzubeziehen, wird sich selbstverständlich auch an die Beiträge zur Ausbreitung der wissenschaftlich-technischen Zivilisation erinnern, die der Kommunismus geleistet hat – von der Unterstützung Ägyptens beim Staudammbau bis zur brüderlichen Waffenhilfe für Befreiungsbewegungen in vielen Ländern der sogenannten Dritten Welt, in Angola zum Beispiel durch Cuba. Historisch sind diese Erinnerungen an den langlebigen Kolonialismus einerseits und an den kurzlebigen Kommunismus andererseits korrekt. Für das Verständnis der aktuellen Globalisierung der modernen Zivilisation sind die fraglichen Erinnerungen an Kolonialismus und Kommunismus irrelevant. Sie sind es, weil mit den irreversiblen Dekolonialisierungsprozessen Absichten der Rückkehr zu zivilisatorischer Vormodernität ideologiepolitisch nie sich verbanden. Ganz im Gegenteil resultierten aus den Motiven der Herrschaftsbefreiung regelmäßig Absichten der Freisetzung eines autochthonen zivilisatorischen Fortschritts, und das auch dort, wo statt dessen dann großräumige Zerstörung technischer und organisatorischer Infrastrukturen das Primärresultat der Befreiung war.

So oder so: Kolonialismus und Kommunismus sind tatsächlich Faktoren der Ausbreitungsgeschichte der westlichen Zivilisation gewesen. Aber sie waren kontingente Faktoren im Verhältnis zu den Gründen des Dauererfolgs dieser Ausbreitung über alle Groß- räume der Erde hinweg und partiell überdies mit wachsender Dynamik nach dem Zerfall der kolonialistischen und kommunistischen Imperien. Wieso ist das so? Die fällige Antwort hat etwas Mißliches. Sie ist nicht geeignet, die spezifisch westliche Neigung zur zivilisatorischen Selbstkritik zu bedienen. Überdies ist die fragliche Antwort eine Antwort ohne jeden intellektuellen Appeal. Ihre Mißlichkeit ist, vollendet trivial zu sein. Also: Der globale Ausbreitungserfolg der wissenschaftlich-technischen Zivilisation verdankt sich der Evidenz der mit ihr sich verbindenden Lebensvorzüge. Diese Evidenz bringt sich global kraft ihrer anthropologischen Universalität zur Geltung. Was es heißt, weniger als zuvor hungerbedroht zu existieren, versteht jedermann – bis auf diejenigen allenfalls, die an die einschlägige Wohlfahrt zivilisationsbegünstigt schon lange gewöhnt sind. Der Vorzug, länger und überdies länger gesünder zu existieren, ist im Regelfall aufklärungsunbedürftig. Für die anspruchsvolleren hygienischen Bedingungen dieses Vorzugs gilt das schon nicht mehr. Soweit diese Bedingungen sich aber herumgesprochen haben, werden auch sie kulturevolutionär wirksam, und besseres Wasser zum Beispiel empfiehlt sich alsdann von selbst. Bilder eines besseren Lebens werden schulfibelfähig. Wo immer dann Lebenswelten bereits massenmedial integriert sind, sorgen alsbald auch Unterhaltungsserien sowie die Werbung für die alltagskulturelle Präsenz dieser Bilder. Der kulturkritisch geschulte Blick des Westlers,

der hier Kitsch, ja Elemente der Täuschung zu erkennen vermöchte, wird aber erst bei gehobenem Lebens-
standard wirksam, während auf unteren Wohlfahrtsniveaus die Erfahrung sich machen läßt, daß die trivialen Verheißungen eines vom zivilisatorischen Fortschritt abhängigen besseren Lebens tatsächlich erfüllbar sind.

Noch einmal also: Die in letzter Instanz an naturale
Existenzbedingungen der Angehörigen unserer Gattung gebundene Trivialität ihrer Lebensvorzüge ist es,
die den interkulturell vergleichsweise singulären Ausbreitungserfolg der modernen Zivilisation erklärt, und
wer fände, als „trivial" wäre das doch allzu abschätzig
benannt, möge sich erinnern, daß in der älteren universitären Bildungsgeschichte Europas das Triviale
das Fundamentale war, das man sich angeeignet und
verfügbar gemacht haben mußte, wenn einem der Zugang zu weiteren und höheren Entwicklungsmöglich-
keiten sich öffnen sollte. Man darf also das Triviale
mit dem Banalen nicht verwechseln, und um dieser
Verwechslung vorzubeugen, möchte ich jetzt die Trivialität der Lebensvorzüge der modernen Zivilisation,
die ihren globalen Ausbreitungserfolg erklären, unter
fünf Aspekten erläutern.

3.1 Die Lebensvorzüge der modernen
Zivilisation sind missionsunbedürftig

Die Evidenz des Trivialen, durch die sich die Güter
und Dienstleistungen der modernen Zivilisation empfehlen, hat keinerlei Offenbarungscharakter. War-
tungsanleitungen für Motoren und Einnahmevor-

schriften für Medikamente werden nicht durch Verteilung heiliger Bücher verbreitet. Aufklärungskampa-
gnen eröffnen nicht Einblicke in tiefe Weisheit und
versprechen nicht den Gewinn hoher Erkenntnis. So
werden auch jene großen Führer nicht benötigt, die
auf allgegenwärtigen Denkmälern mit ausgestrecktem
Arm die Richtung vorgeben, in die man sich für lange
Märsche in Bewegung zu setzen habe. Kein Stern der
Erlösung geht auf. Besser beschickte Märkte bieten
keine Paradiesesansicht. Sie verlangen vielmehr über-
legteren Umgang mit knappem Geld. Wohlfahrtsaus-
sichten auf ein besseres Leben eröffnen sich und verlangen Umstellung von Lebensgewohnheiten. Aber
Bekehrung und Taufe sind niemandem zugemutet –
jedenfalls nicht wohlfahrtshalber. Zu lernen und umzulernen bleibt keinem erspart. Aber der Ort dafür
sind Schulen und nicht die Sonntagsschule, was selbstverständlich nicht ausschließt, daß man auch dort
noch am Informationstisch mit nützlichen Tips für
die Alltagsverbringung bedient wird. Nutzen und
Nachteil disponibel gewordener Verwendung von
Zeit oder Geld bleiben im Austausch der Erfahrungen
in letzter Instanz stets dem Urteil des Common sense
unterworfen. Die Gemeinverständlichkeit des Nutzens, den man mehren möchte, und des Nachteils, den
es zu vermeiden gilt, sorgt dafür, daß prophetische
Töne in der Belehrung darüber alsbald entweder an-
maßend oder lächerlich wirken. Selbst die Werbung
weiß das zu beachten, und nur auf sehr hohem Kon-
sumniveau gelingen der Werbung dann und wann Auf-
merksamkeitsgewinne mittels ironisch gebrochener
Übertreibung.

Generell wächst mit der Höhe des Zivilisationsniveaus das Ausmaß der ästhetischen Ansprüche, denen

Warenwelten, ja Lebensformen unterworfen sein müssen, um sinnlich akzeptabel zu bleiben. Der sittliche und rechtliche Regelungsbedarf steigt ohnehin mit der Beziehungsdichte zwischen den Teilnehmern moderner Interaktionssysteme vom Verkehr übers Versicherungswesen bis zur organisierten Entsorgung. Rascher noch als die Menge der technischen Könner und Macher wächst entsprechend in der modernen Zivilisation die Menge der Angehörigen jener Reflexionseliten, die für Designs zuständig sind, fürs Texten der Lebensberatungsspalten in der Frauen- oder Familienpresse. Für die fortdauernd aktuelle Emendation der administrativen und zivilrechtlichen Regelungen der Rückwirkungen unseres technisch und oganisatorisch instrumentierten Handelns auf das Handeln anderer will überdies vorgesorgt sein. Die professionellen Qualifikationen also, die uns in der modernen Zivilisation abverlangt sind, werden fortschreitend anspruchsvoller. Ein fortschrittsbezogener Sinnstiftungsbedarf ergibt sich indessen nicht. Intellektuelle in der Rolle ideologischer Geschichtssinndeuter hatten, so glaubt man im Rückblick zu erkennen, Funktionen im medialen Umfeld von Massenparteien, die von Inspirationen säkularisierter Heilsgewißheit erfüllt waren. Diese Inspirationen sind fast überall inzwischen erloschen. Die Ideologenszene ist marginalisiert. Der Rest sind kritische Affirmationsverweigerer aus intellektuellem Degout vor der Trivialität der Lebenssinngehalte, die heute tatsächlich den Prozeß der zivilisatorischen Globalisierung steuern. Ideologiepolitisch bedeutet das, daß mit der Höhe des Zivilisationsniveaus die politischen Erfolgschancen kanonisierungsfähiger Großtheorien des traditionellen, nämlich seit der Aufklärung maßgebend gewesenen ge-

schichtsphilosophischen Typus eher abnehmen. In
der manifesten Trivialität ihrer kulturellen Gehalte
wirkt die moderne Zivilisation auf diese Großtheorien
zersetzend. Sinnansprüche hingegen, die die moderne
Zivilisation mit der Trivialität ihrer Wohlfahrtsgehalte
in der Tat nicht zu bedienen vermag, scheinen sich
heute wieder, realitätsnäher, an die Adresse der Religionen zu richten. Gute Schulen und die Sonntagsschule gewinnen in der modernen Zivilisation somit
gleichzeitig an kultureller Geltung, und es bliebe ein
Kapitel für sich darzustellen, wieso in den Ländern
hochentwickelter Zivilisation diese Zusammenhänge
sich in den USA deutlicher als in Europa darstellen.

3.2 Die Lebensvorzüge der modernen Zivilisation sind herkunftskulturindifferent

Die Selbstempfehlung der modernen Zivilisation
durch die Evidenz ihrer trivialen Lebensvorzüge löst
keinen Bildersturm aus, wie wir ihn aus der Reli-
gionsgeschichte Europas als Begleitphänomen wichtiger Reformationsvorgänge in Erinnerung haben. Als
Säkularisat religiös motivierter Bilderstürme sind uns
als Großereignisse des soeben zu Ende gegangenen
Jahrhunderts auch die großen Kulturrevolutionen vertraut. Sie ergaben sich aus der Unverträglichkeit der in
den rezenten Altheiligtümern symbolisch manifesten
Herkunftskulturen mit den säkularen Heilsansprü-
chen der totalitären Hochideologien. Die moderne Zivilisation aber, sofern sie als solche auftritt, verheißt
nicht Heil, vielmehr Wohlfahrtstrivialitäten. Eine
Konkurrenz koexistenzunfähiger Götter ergibt sich

entsprechend nicht. Es erübrigt sich, Kirchen, wie im leninistisch-stalinistischen Bolschewismus, zu schließen oder zu Stallungen und Vorratslagern umzufunktionieren. Welches Hindernis des Fortschritts eigentlich beiseite geräumt sei, indem man, wie seinerzeit in Moskau, die größte Kathedrale daselbst in die Luft sprengte – das ließe sich aus der Perspektive der Nutzer besserer Medikamente, leistungsfähigerer Nahverkehrssysteme oder eines effizienteren Mathematikunterrichts gar nicht sagen. Die reichsflächendeckende Abfackelung der Synagogen war ein sinnfälliger Akt der Kulturvernichtung in Vorbereitung der Vernichtung der physischen Träger dieser Kultur. Aber mit Fälligkeiten instrumenteller Vernunft in ihrer Orientierung an Common sense-fähigen Gehalten eines besseren Lebens hatte das schlechterdings nichts zu tun.

Menschheitsreinigungszwecke – eben darum handelt es sich bei den großen totalitären Säuberungen vom symbolischen und personellen Schmutz der Vergangenheiten. Wahr ist, daß sich das alles, in ideologischer Nutzung der aus der Antike stammenden medizinischen Reinigungsmetaphorik, genau komplementär zur Entfaltung der wissenschaftlich-technischen Zivilisation vorzugsweise im Kontext der modernen Zivilisation ereignet hat. Auch auf „Demokratie" berief man sich, und Joseph Goebbels nahm sie als „veredelte Demokratie" sogar für die Diktatur der Nationalsozialistischen Deutschen Arbeiterpartei in Anspruch. Wahr ist überdies, daß auch dort, wo, wie in der Vorgeschichte der USA, eine moderne Revolution von den totalitären Perversionen des europäischen Typus schlechterdings frei blieb, die Zivilisationsexpansion über den ganzen Kontinent hinweg nichtsdestoweniger ihre Schreckensseiten hatte. Büffelherden, ja ganze Indianerstämme blieben auf der Strecke, und wer sich heute die Kraft der modernen Zivilisation verständlich zu machen sucht, global zu werden, ist nicht auf die Fiktion angewiesen, der Vormarsch der westlichen Zivilisation verdanke sich der Sanftmut und Edelmütigkeit ihrer Verbreiter. Daß die Menschen allein schon kraft Zugehörigkeit zu ihrer Gattung zum Bösen geneigt sind, wird ja in allen Religionen gelehrt, und zahllose Begleitexzesse der Globalisierung bestätigen es bis heute – vom ungeahnten Anstieg der Korruptionsmöglichkeiten in den modernen Umverteilungswirtschaftssektoren über die Spekulationsschäden in der elektronisierten Bewegung von Finanzmassen in Reaktion auf Börsenlagen bis hin zu den Lohnabschlüssen der Tarifpartner zu Lasten der Arbeitslosen. Aber einzig die totalitären Regime glaubten an Möglichkeiten definitiver Befreiung des Menschen vom Hang zum Bösen, und zwar hienieden bereits über Systemrevolutionen. Der schlichte Wohlfahrtsexport hingegen, der nichts als die Güter und Dienstleistungen der modernen Zivilisation verbreitet, interveniert nicht gegen die altvertrauten Sündenpredigten in Tempeln und Kirchen. Kein wahrer Kult setzt sich an die Stelle des falschen. Kein Pantheon wird in ein Allerheiligentum verwandelt, und keine Stätte der Verehrung für einen bislang noch unbekannt gewesenen Gott wird kultisch endgültig besetzt.

Aus der Perspektive der Angehörigen nicht-westlicher Herkunftskulturen heißt das exemplarisch: Digitalisierung gefährdet nicht den Sinngehalt heiliger Schriften, sondern verbessert sogar noch ihre globale Omnipräsenz. Wer will, kann im Rekurs auf den kosmologisch vermuteten Big Bang die Lehre von der

Schöpfung wiedererkennen. Waffen funktionieren zur Verteidigung wie zur Verbreitung des wahren Glaubens ohnehin analog. Die Mittel des materiellen Reichtums haben auch im Aspekt universeller hochkultureller Verpflichtung zu guten Taten ihre bezwingende Evidenz. Statt mit einem halben Mantel lassen sich die Armen mit ganzen Mänteln ausstatten. Wo einst kulturrevolutionäre Aggression Verwüstungen anrichtete, läßt sich nun mit den Mitteln zivilisatorischer Wohlfahrt die Welt der Moscheen und Kirchen erneuern und noch reicher machen. So erstand die von der serbischen Artillerie in Sarajewo zertrümmerte Gazi-Husrev-Beg-Moschee mit Hilfe saudi-arabischer Petrodollars prächtiger als zuvor an alter Stelle, und auch in Moskau erhebt sich gleich gegenüber der Tretjakov-Galerie die von Stalin abgeräumte Kathedral-Kirche Moskaus neu in den Himmel. In Afghanistan wird man die von den Taliban zerstörte größte aller bekannten Buddha-Statuen rekonstruieren, und China transferiert Heiligtümer und denkmalwerte Herkunftskulturelemente vor ihrer Überflutung durch die Wassermassen moderner Stauseen an sichere und markante Plätze auf ihren Ufern.

Zusammengefaßt heißt das: Die wissenschaftlich-technische Zivilisation ist weltweit nicht zuletzt deswegen akzeptabel, weil sie von kulturrevolutionären Impulsen nicht bewegt ist. Sogar im Westen selbst kommt diese Herkunftskulturindifferenz der modernen Zivilisation ursprünglich westlicher Herkunft der fortdauernden kulturellen Gegenwart dieser Herkunft zugute. Exemplarisch anschaulich gemacht heißt das: Die moderne Zivilisation beläßt alle Denkmäler auf ihren alten Plätzen und fügt lediglich an jeweils passender Stelle ein paar neue hinzu. Den Vorzug der

Kontinuitätsbildung, den die moderne Zivilisation unbeschadet ihrer innovatorischen Dynamik freigibt,
vergegenwärtigt man sich auf dem europäischen Kontinent seit langem topisch am Vorzug Englands, daß
die wichtigste, nämlich gloriose Revolution seiner Geschichte eine konservative Revolution war. Weniger
oft als auf dem Kontinent stößt man in diesem Land
auf ausgewechselte Straßennamen, und für Namen
von großen Plätzen oder Städten gilt dasselbe. Die
Kennzeichnung der so genannten industriellen Revolution als Revolution hat ihren guten, hier nicht er-
läuterungsbedürftigen Sinn. Der Ausbreitungserfolg
dieser Revolution und der ihr nachfolgenden späteren
zivilisationsgeschichtlichen Revolutionen beruht aber
nicht zuletzt auf ihren kulturkonservativen Elementen. Wer das überraschend fände, mag sich an die
neuen religiösen Erweckungen und Bewegtheiten erinnern, die nach der Aufklärung das 19. Jahrhundert
bis in die Politik hinein geprägt haben. Überdies
machte der Historismus, der sich komplementär zur
ersten industriellen Revolution entfaltete, herkunfts-
bewußt.

Dabei ist die moderne Zivilisation keineswegs
emanzipationszumutungsfrei. Aber die Emanzipatio-
nen, ohne die sich die Lebensvorzüge der modernen
Zivilisation tatsächlich nicht nutzen ließen, sind ihrerseits hochgradig lebenssinnindifferent. Man hat, metonymisch gesprochen, das ABC zu lernen, das Ein-
maleins dazu und neuerdings einige weitere Kultur-
techniken außerdem. Wieso das aber überdies mit der
Zumutung verbunden sein sollte, Kopftücher, Bärte
und Feze abzulegen, nicht mehr koscher zu essen und
auf Kruzifixe auf öffentlichen Friedhöfen zu verzichten, leuchtet modernisierungsabhängig immer weniger

ein. Also bieten inzwischen überall in der hochentwik-
kelten Zivilisation die Fluggesellschaften zum Kaffee
milchfreie Weißer an. Den Moslems wird verstattet,
ihre Toten geltenden Bestattungsordnungen entgegen
sargfrei zu beerdigen, und schon der österreichische
Kaiser erhob, sozusagen prä-post-laizistisch, den Fez
zum Uniformstück für die bosniakischen Militärein-
heiten in der k.u.k. Monarchie. Entsprechend wird
auch die Globalisierung der modernen Zivilisation
westlicher Herkunft im Endeffekt nicht mit her-
kunftskultureller Vollemanzipation verbunden sein,
vielmehr mit rechtlich global gesicherten Gelegenheiten, koscher oder sonstwie, kopftuchbedeckt oder mit
Trendfrisur, safranbekleidet oder im Irokesenlook
sich in Flugzeugen, Schulen oder auf öffentlichen
Plätzen zu befinden.

Von einer global effizienten Rechtskultur, die solche Wechselseitigkeit im Anspruch, ein anderer zu
sein, gewährleistete, kann derzeit freilich noch keine
Rede sein. Wohl aber sind die Zwänge erkennbar, die
die Ausbreitung einer solchen Rechtskultur, die gerade
keine Konsenskultur ist, unabweisbar macht, wenn
anders man sich die Lebensvorzüge der modernen Zivilisation uneingeschränkt zugänglich halten möchte.
Die Wirksamkeit eines solchen zivilisationsabhängi-
gen Zwangs zur wechselseitigen Anerkennung des
jeweiligen Andersseins, also zur wechselseitigen Hinnahme traditionsverfestigter Unbereitschaft zur kon-
sensuellen Auflösung identitätsprägender Herkunfts-
unterschiede, ist beobachtbar. Nichtsdestoweniger
erlaubt das selbstverständlich keine Prognosen die
Ausbreitung effizient geltender Grundrechtssysteme
betreffend. Immerhin gehört die übergroße Mehrzahl
der Staaten der UNO an, was die förmlich eingegange-

ne Verpflichtung zur Anerkennung der Menschen-
rechtsdeklaration einschließt.

Indessen: Die Lebensvorzüge der modernen Zivilisation haben nicht die Eigenschaft, entweder total
oder gar nicht in Anspruch genommen werden zu
müssen. Sie sind auch partiell genießbar. Wo Petrodollars reichlich fließen, kann man es sich, sogar über
mehrere Generationen hinweg, leisten, auf Vollinte-
gration der Frauen in die Produktions- und Ausbil-
dungsprozesse zu verzichten. Man subventioniert den
Moscheenbau anderswo, verlangt aber im eigenen
Land die hausinterne, also öffentlich unauffällige In-
stallation christlicher Gebetsräume für das Bot-
schaftspersonal. Massenmedien gelten überall allein
schon für Propagandazwecke als unentbehrlich. Aber
das Urteil über die Dekadenzträchtigkeit importierter
Unterhaltungsstoffe schwankt. Entsprechend gibt es
Grade, in welchen man sich der zivilisatorischen Modernisierung öffnet oder verschließt, und daß die moderne Zivilisation eben das, mit Einschränkungen ihrer Nutzbarkeit, im Unterschied zu unteilbaren heiligen Lehren mit sich machen läßt, fördert abermals
ihre Ausbreitung über alle Herkunftskulturgrenzen
hinweg. Die Unterschiede fundamentalistisch motivierter Modernsierungsschädenhegung sind zwischen
Saudi-Arabien einerseits und Ägypten andererseits beträchtlich, und zwischen dem Iran und den arabischen
Ländern noch einmal. Es handelt sich jeweils um Wirkungen kontingenter Faktoren, die, um verständlich
zu werden, Erklärungen vom Typus historischer Erklärungen nötig machen, und nur Experten können
diese Erklärungen geben. Wo das geschieht, schärft
sich der Sinn dafür, daß unbeschadet der Herkunftskulturindifferenz der modernen Zivilisation die je-

weils autochthonen herkunftskulturabhängigen Fähigkeiten und Geneigtheiten, moderne Zivilisation anzu-
eignen und autark fortzuentwickeln, global nicht
gleich verteilt sind. Auch aus diesem Grund werden die Kompetenzen
zur Teilhabe an den Lebensvorzügen der modernen
Zivilisation sich ungleich entwickeln. Im Globalisie-
rungsprozeß nimmt die Auffälligkeit dieser Ungleichheit zu, und in Kombination mit weniger ungleich verteilten Ansprüchen auf Teilhabe an den Lebensvorzügen der modernen Zivilisation resultieren daraus
soziale und politische Spannungen, für deren Beurteilung alteuropäische Kriterien distributiver Gerechtigkeit gar nicht taugen. Ausgleichsfähig ist hier insoweit
nichts. Auch das gehört zur Globalisierung, und wer
das, im Westen, für schlimm hielte, hätte recht und
könnte sich vielleicht trösten, indem er zur Kenntnis
nimmt, daß auch im Westen selber Nutzen und Nachteil der Modernisierung regional kulturabhängig aus
konfessionellen wie aus sprachlichen, aus kontingenten nationalgeschichtlichen Gründen wie aus Gründen politisch schlechterdings indisponibler Zuhörig-
keit zu begünstigenden oder benachteiligenden Klein-
gruppenmilieus immer weiter auseinander driften.
Gleichheit bleibt insoweit mit der interkulturellen
Öffnung des Zugangs zu den zivilisatorischen Bedingungen ihrer Erfüllbarkeit ein sich selbst zerstörendes
Ideal, und eben das ist zugleich einer der wichtigsten
Gründe für die weltweit, im Westen wie anderswo, be-
obachtbare Rückwendung zu denjenigen Kräften unserer jeweiligen Herkunftskulturen, die uns instand
setzen, Ungleichheit auszuhalten, deren Ausgleichsun-
fähigkeit eins mit den Lebensvorzügen der modernen Zivilisation an Evidenz gewinnt.

3.3 Autarkieverluste und Kooperationszwänge. Globalisierung organisatorisch

Modernisierungsabhängig expandieren räumlich und sozial unsere wechselseitigen Abhängigkeiten, individuell und kollektiv, herkunftskulturindifferent und in wachsender Abhängigkeit von Rechtsregeln großräumiger Geltung. Um ein Resultat diskursiver Einschmelzung von normativ relevanten Kulturunterschieden oder auch divergierenden politischen Interessen handelt es sich dabei nicht. Es konstituiert sich auch keine globale homogene Zivilgesellschaft. Wirksam sind vielmehr Zwänge der Handlungskoordination in Abhängigkeit von zivilisatorischen Lebensvoraussetzungen, für die gilt, daß sie sich entweder kooperativ oder gar nicht in Anspruch nehmen lassen. Genau das ist die Charakteristik einer langen Reihe technischer Infrastrukturen – von den Frequenzen des Funkverkehrs in expandierenden Räumen seiner wechselseitigen Störbarkeit bis hin zu den Sicherheitssystemen für den Flug- oder Seeverkehr. Auch das wirtschaftlich fundamentale Interesse, Zugang zu fremden Märkten zu haben, läßt sich einzig über die Akzeptanz wechselseitig geltender Marktzugangsregeln bedienen – so jedenfalls unter wechselseitig verspürtem Konkurrenzdruck. Die Erfahrung, daß die Vorzüge verläßlichen diplomatischen Verkehrs einzig unter wechselseitig strikt respektierter Geltung der Regeln zu seinem Schutze zu haben sind, gehörte bereits zu den älteren Motiven der Völkerrechtsevolution. Analoges gilt für die Freiheit der Meere, die wirksam wurde, als genau komplementär zur Herausbildung des neuzeitlichen Begriffs staatlicher Souveränität deren Expansion in Meeresräume hinein zum je-

weils eigenen Vorteil auf küstennahe Gewässer einge-
grenzt werden mußte. Zwänge der Kooperation im Interesse der Nutzbarkeit von Gütern, die sich, noch
einmal, entweder einvernehmlich oder gar nicht nutzen lassen, erstrecken sich inzwischen auf ein sich in
zivilisationsabhängig ständig erweiterndes Ensemble
von Lebensvoraussetzungen, das emphatisch als „Gemeinsames Erbe der Menschheit" gekennzeichnet
wird. Die Schätze, die sich über technische Erschließung der Meeresböden heben lassen, gelten als Teil
dieses Erbes. Für biotische Meeresressourcen gilt
Analoges, nämlich insbesondere soweit inzwischen
ihre Begrenztheit erfahrbar geworden ist. Fangquoten
zahlreicher Spezies sind heute regional oder global,
vorübergehend oder dauerhaft völkerrechtlich fixiert.
Ein ganzer Kontinent befindet sich nach nationalen
Präsenzrechten und Regeln begrenzter Nutzung statt
unter Zuständigkeit staatlicher Souveränitäten in einem Völkerrechtsregime – die Antarktis nämlich.

Es erübrigt sich, mit Aufzählungen von kontinen-
tal, ja global sich ausweitenden Kooperationsformen
aus Zwängen wechselseitiger Abhängigkeit in Nutzung von Gütern fortzufahren, die sich zivilisationsabhängig der Alleinverfügbarkeit durch staatliche Souveränitäten entziehen. In ihren organisatorischen
Konsequenzen repräsentieren sie die institutionellen
Aspekte der Globalisierung. Auch für den Laienblick
wird sie anschaulich in den endlosen Registern alpha-
betisch geordneter Abkürzungsverzeichnisse in belie-
bigen Handbüchern des modernen Völkerrechts. Die
einschlägigen Buchstabenkürzel stehen für ebenso
viele internationale Organisationen, und die wichtigsten unter ihnen sind jedem Medienkonsumenten vertraut – von der WTO bis zur OECD, vom IWF bis zur

OSZE, von der UNO bis zum ER, von der EU bis
zum EWR, oder von der NATO bis zur OPEC. Jeder
Zeitungsleser kennt diese Kürzel, so daß sich hier ihre
Auflösung erübrigt. Der Anteil dieser mit weltweiter
Publizität ausgestatteten Einrichtungen an der Ge-
samtzahl existenter internationaler Organisationen ist
freilich winzig. Auf die allermeisten Kürzelnamen international operierender Regierungsorganisationen
sind wir gemeinhin nie aufmerksam geworden – von
den ICSID bis zum COSPAR, von der ECLAC bis zur
ELDO oder von der ILA bis zur OAPEC. Hier sind
unmittelbar exklusiv Spezialisten involviert, was
selbstverständlich nicht heißt, daß die Arbeit, die sie in
den fraglichen Organisationen leisten, uns gar nicht
beträfe. Aber wir begnügen uns damit, daß die politische Kontrolle dieser Leistungen von unseren nationalen Regierungen und Administrationen wahrge-
nommen wird, wobei auch dort wiederum die technische Seite der Kontrollarbeit zumeist Expertenangele-
genheit bleibt. Die Auflösung der exemplarisch aufgezählten Kürzel beliebiger Spezialorganisationen mit
ihren funktionalen oder regionalen besonderen Zuständigkeiten erübrigt sich insofern gleichfalls – eben
wegen ihrer medialen Nicht-Präsenz in unseren politischen Alltagslebenswelten.

Der Grad der inzwischen erreichten organisatorischen Beziehungsdichte spiegelt sich in der fortschreitend wachsenden Zahl der internationalen und supranationalen Einrichtungen, über die die Staaten dieser
Welt ihre faktischen Souveränitätsverluste, das heißt
ihre real gewordene zivilisatorische Abhängigkeit voneinander kompensieren und so ineins ihren eigenen
Nutzen wie den Nutzen anderer mehren. Allein die
Zahl der sogenannten Regierungsorganisationen, das

heißt die Zahl der Einrichtungen auf der Rechtsbasis völkerrechtlich sanktionierter zwischenstaatlicher Abkommen, dürfte der Größenordnung nach bei fünftausend liegen. Wenigstens um das Fünffache größer ist die Anzahl der Nicht-Regierungsorganisationen, die heute in Großräumen von globaler Weite operieren. Dazu gehören selbstverständlich die vor gut dreißig Jahren einmal verschrien gewesenen „Multis", also die mit ihren Produkten oder Dienstleistungen auf Märkten weltweit präsenten Unternehmen, dazu die Verbände selbstverständlich über alle Sparten des gesellschaftlichen Lebens hinweg von der Wirtschaft bis zur Wissenschaft und vom Sport bis hin zu den Konfessionen und Religionen, die ja zuerst, nämlich im christlichen Kontext, den Welt- und Menschheitsraum ihrer Verkündigungen, Präsenzen und Kooperationen als „Ökumene" benannt haben. Auch humanitäre Organisationen sind heute in ökumenischen Dimensionen tätig – das Rote Kreuz zum Beispiel, das seine segensreiche Tätigkeit, soweit es Kriegselend lindern hilft, zumeist diskret, also zur Minderung diplomatischer oder prestigepolitischer Hindernisse publizitätsentlastet ausübt, oder auch Green Peace, das in der Absicht, über die Erregung weltöffentlicher Aufmerksamkeit Druck auf politische Entscheidungsträger auszuüben, seine symbolischen Aktivitäten möglichst spektakulär macht. Das alles bedeutet: Der weltpolitisch relevante Einfluß von Einrichtungen, deren Repräsentanten nicht den Status von Diplomaten haben, wächst kontinuierlich und schränkt die Autarkie und damit faktisch die Souveränität der alten staatlichen Völkerrechtssubjekte fortschreitend ein.

Sogar friedensdienlich scheint die Globalisierung im Aspekt weltweit wachsender Beziehungsdichte zu sein. Die Kriegsfolgekosten wachsen komplementär zu den Vorteilen, die die Subjekte internationaler und supranationaler Beziehungen bei der inzwischen erreichten Beziehungsdichte aus ihren wechselseitigen Abhängigkeiten zu ziehen vermögen. Der Friede festigt sich über ein großräumig und langfristig sich ausbreitendes Interesse, Frieden zu halten. Pure Technik sorgt überdies für Nachhaltigkeit dieses Interesses, die Waffentechnik nämlich. Diese hat uns Massenvernichtungsmittel beschert, und die Waffenarsenale sind mit diesen Mitteln weit über die atomaren Sprengsätze hinaus gut gefüllt. Die Vorstellung, sie könnten in die Hände von Terroristen oder von Führern ideologisch rezent totalitär orientierter Staaten geraten, gehört zu den Schreckensvisionen unserer Zeit. Die gute Seite der Sache ist, daß die Existenz der absoluten Waffen im weltpolitischen Endeffekt den Ausbruch eines Dritten Weltkriegs verhindert und das Ende des Kalten Krieges begünstigt hat. Für den inzwischen seit langem schon konservierten Nicht-Krieg zwischen den regionalen Großstaaten Indien und Pakistan gilt Analoges.

Einzig die politisch revitalisierten Religionen verfügen noch, nach dem Untergang der Groß-Ideologien des westlichen, totalitären Typus, über die Glaubensmittel zur Legitimierung von Friedensbrüchen zu Zwecken der Verbreitung des Heils, das heißt eines von Folgekostenkalkulationen nicht tangierbaren Kriegszwecks. Die Antwort auf die Frage, wie darauf politisch in friedenserhaltender oder auch friedensschaffender Weise zu reagieren sei, und das insbesondere dann, wenn die Subjekte der einschlägigen Heilsgewißheit nicht Völkerrechtssubjekte, vielmehr informelle, aber wirksam organisierte Netzwerke sind, befindet sich sowohl rechtlich wie strategisch und technisch noch in der Entwicklung. Auch das geschieht aber unter dem unabweisbaren Druck von Kooperationszwängen, die ihrerseits globalisierend wirken. Mit dem Zusammenbruch des real existent gewesenen Sozialismus hat sich selbstverständlich auch das Militärbündnis der ins Weltfriedenslager eingewiesen gewesenen Länder aufgelöst. Die NATO hingegen hat sich erweitert, hat sich aber zugleich funktional verändert, indem sie, zum Beispiel, im Bosnien-Konflikt mit Zwangsmitteln einen Krieg beendete, der sich im traditionellen Sinne als ein Angriff auf einen Bündnispartner gar nicht hätte kennzeichnen lassen. Sie hat überdies das Ereignis eines terroristischen Großanschlags, bei dem die Identität und rechtliche Qualität des Angreifers nach konventionellen Kriterien unsicher und unscharf war, als verpflichtenden Anlaß verstanden, den Eintritt des Bündnisfalls auszurufen, ohne freilich zugleich die nach Lage der Dinge ja tatsächlich ungewissen einschlägigen Fälligkeiten zu benennen und in Maßnahmen umzusetzen. So oder so: Es gibt eine neue Weltunsicherheit, aus der Rückzüge in verläßliche Refugien niemandem offenstehen – ersichtlich auch nicht den in bündnisrechtlicher Hinsicht fortdauernd alt-neutral existierenden Ländern. Entsprechend expandieren die friedenspolitischen wechselseitigen Abhängigkeiten inzwischen global, und komplementär dazu wächst weltpolitisch das Gewicht der weltweit handlungsfähigen Mächte ineins mit dem weltpolitischen Gewicht des Weltsicherheitsrates der UNO als der einzigen Instanz, die heute weltöffentlichkeitswirksame Legitimitäten für weltfriedenspolitisch relevantes Handeln verschaffen oder versagen kann.

3.4 Demokratisierungszwänge. Wieso der Common sense über die Technokratie triumphiert

Für „Idealisten" mag es eine befremdliche Vorstellung sein, daß auch der Demokratisierungsprozeß, statt von der Irresistibilität eines idealen „Projekts", von institutionellen Erfordernissen individueller und kollektiver Selbstbestimmungsinteressen erzwungen werde, ohne deren Bedienung und Sicherung hochkomplexe moderne Gesellschaften selbsterhaltungsunfähig werden müßten und ohne die auch noch ihr Wohlfahrtsertrag absinken würde. Für Pragmatiker hingegen, die die Geltung von Rechten in der Evidenz ihrer Dienlichkeit für die Lebensinteressen ihrer Subjekte gesichert wissen, gehört es zu den erfreulichen Aspekten der zivilisatorischen Evolution, daß demokratische Strukturen sich nicht zuletzt aus Sachzwängen der Selbstorganisation komplexer Gesellschaften ergeben. Wieso das so ist, sieht man, wenn man sich klarmacht, aus welchen Gründen die traditionsreiche Erwartung, die moderne Zivilisation müsse sich in politischer Hinsicht technokratisch formieren, sich nicht erfüllt hat. „Technokratie" – das ist bekanntlich der Name, den eine in den USA im ersten Drittel des 20. Jahrhunderts publizistisch agierende Intellektuellen-Bewegung als Name für das von ihr propagierte Gesellschaftskonzept zeitweise populär gemacht hatte. Sowohl Hoffnungen wie Befürchtungen verbanden sich mit diesem Konzept. Die Vorgeschichte dieses Konzepts reicht tief in die Vergangenheit der Neuzeit zurück.

Es will ja einleuchten: Je mehr wir als Nutzer moderner Techniken uns von Experten abhängig geworden wissen, um so bezwingender wird doch zugleich das Argument, daß auch die politischen Entscheidungen, denen wir unterliegen, an die Sachkunde der Experten zurückgebunden bleiben müssen. Und vollendet gewährleistet wäre das gemäß dem politischen Konzept der Technokratie, wenn die Experten selber zu Trägern politischer Entscheidungskompetenzen erhoben würden. Eine unüberbotene literarisch-symbolische Manifestation dieser Vorstellung, Wissen, Fachwissen näherhin, wirke herrschaftslegitimierend, ist bekanntlich Francis Bacon gelungen. Bacon tauschte, wie schon erwähnt, in seinem utopischen Roman „Nova Atlantis" die Denkmalsszenerie aus und setzte auf die abgeräumten Sockel vormaliger Herrschaftsstandbilder Denkmalporträts der großen zivilisatorischen Innovatoren. Auch das ist natürlich eine Fortbildung der Lehre aus platonischem Erbe, Philosophie sei das entscheidende Medium der Herrschaftslegitimation, und selbst noch im emblematischen Einfall, statt Schwerter und Helme Hammer und Sichel zu Symbolen der diktatorial herrschenden Einheitspartei der Arbeiter und Bauern zu erheben, wirkte dieses Erbe fort. In politisch harmloser, ja beachtenswerter Form begegnet es uns auch heute noch in den immer wieder einmal aufflammenden Klagen von Ingenieurverbandsrepräsentanten, Ärztefunktionären oder auch Forschern und Präsidenten ihrer Akademien, die die Wissenschaften in Parlamenten und sonstigen Gremien politischer Entscheidung unterrepräsentiert wissen.

Statt dessen hat sich eine ganz andere, gleichfalls weit zurückreichende Tradition, zivilisationsevolutionär begünstigt, politisch durchgesetzt. Die Quintessenz dieser Tradition ist der Begriff des Common sen-

se. In der klassischen deutschen Philosphie ist dieser
Begriff überwiegend abschätzig behandelt worden.
„Sich auf den gesunden Menschenverstand" zu beru-
fen, fand Kant, beweise „jederzeit", „daß die Sache
der Vernunft verzweifelt" steht. Der Kontext, in welchem die Schotten, auch die Franzosen im 18. Jahrhundert und darüber hinaus fortdauernd bis in das
Industrialisierungszeitalter hinein den Common sense
thematisieren, ist demgegenüber ein ganz anderer. Der
Common sense wird zur Instanz des Urteils über die
Lebensdienlichkeit dessen, was uns der wissenschaftlich-technische Fortschritt zur Emendation unserer
Lebensverhältnisse anzubieten hat. Es ist nicht schwer
zu erkennen, daß das politische Gewicht dieses Le-
bensdienlichkeitsurteils genau komplementär zu unserer wachsenden Angewiesenheit auf die expertenwis-
senabhängigen Güter und Dienstleistungen, die uns in
der modernen Zivilisation verfügbar werden, anwach-
sen muß. Auf einen Topos gebracht, der sich varian-
tenreich bis in die Antike zurückverfolgen ließe, heißt
das: Dem Schuhmacher kann in der Kunst des Schu-
hemachens tatsächlich kein Laie etwas vormachen.
Aber ob seine Schuhe uns passen – eben darüber ur-
teilt souverän eben dieser Laie, und so in allem. Entsprechend hat Rainer Specht die im Zivilisationspro-
zeß zunehmende Bedeutung des von den schottischen
Philosophen thematisierten Common sense auf den
schönen Satz gebracht, er sei diejenige Kompetenz,
über die jeder beliebige Billy Smith ebenso verfügt wie
die Lords oder gar der König von England. Über die
Wirksamkeit des Komplementärverhältnisses von
wachsender Expertenabhängigkeit einerseits und
Common-sense-orientierten Akzeptanzvorbehalten
andererseits belehrt uns heute jeder Arztbesuch, bei

welchem hochprofessionelle Dienstleistungen nur in
Anspruch genommen werden können, wenn ihre Akzeptanz nach Nutzen und Nachteil explizit beschei-
nigt oder doch rechtswirksam unterstellt werden kann.
Generalisiert bedeutet das: Ineins mit der zivilisationsabhängig wachsenden Abhängigkeit unseres Lebens von Hervorbringungen spezialisierter Tätigkeit
sozial und regional entfernter Anderer expandieren
zugleich unsere Gewährleistungsansprüche. Wir verlangen verläßliche Versorgung, Risikoinformation und
Schadensausgleich. Das Versicherungswesen blüht
und bietet für enttäuschtes und nichtsdestoweniger
unentbehrlich gewesenes Vertrauen materiellen Er-
satz.

Der politische Aspekt der Sache manifestiert sich,
zum Beispiel, in jenen Bürgerinitiativen, die billigem
Verlangen nach administrativen Leistungen vom Straßenbau bis zum Straßenrückbau Nachdruck verschaffen. Für plausiblen Protest wider ungleiche Verteilung
der Folgelasten gesamthaft nützlicher Innovationen
gilt Analoges – vom lärmintensiven neuen Bolzplatz
bis zur Erweiterung einer Biomüllrotte. Die nahelie-
gende Kritik, solche Aktivitäten orientierten sich am
Sankt-Florians-Prinzip oder hätten Vorteilsverschaf-
fung zu Lasten Dritter im Sinn, trifft nicht den Kern
der Sache. Die Wahrheit ist, daß in sehr komplexen zivilisatorischen Lebensverhältnissen die Kalkulation
politisch relevanter Bürgerbetroffenheiten durch im
Prinzip nützliche Leistungen oder Unterlassungen
nach Aktenlage oder auch nach Parteivorstandsnei-
gung und Fraktionsmehrheitsmeinung immer häufiger
rational gar nicht mehr möglich ist. Eben in solchen
Fällen wird es dann rational, sich in erhebungspraktisch geeigneter Weise Kenntnis der Mehrheitsmei-

nung der Betroffenen zu verschaffen. Einige verfassungsrechtspolitische Schritte weiter wäre man bei institutionalisierten Abstimmungsverfahren angelangt. Volksrechte sind traditionsreiche Rechtsinstitute. Noch in der Frühgeschichte der zweiten deutschen Demokratie konnte man diese Volksrechte von Experten des Verfassungsrechts als ehrwürdige historische Relikte erläutern hören, die für das politische Management komplexer technischer Zivilisationen nicht taugen und in sehr großen Gesellschaften erst recht nicht. In Deutschland wurde in Abwehr von Vorschlägen zur Institutionalisierung von Volksrechten sogar das historische Nonsens-Argument nicht verschmäht, die Erinnerungen an die totalitären Massenakklamationen erzwängen im Interesse der Sicherung von Freiheit und Recht ein von plebiszitären Elementen konsequent gesäubertes, strikt repräsentatives Verfahren zur Feststellung und Exekution des Volkswillens. Inzwischen belehren uns aktuelle verfassungsrechtspolitische Prozesse auf allen gebietskörperschaftlichen Ebenen darüber, daß Volksrechte unbeschadet ihrer vormodernen Ursprünge gerade nicht ein Relikt, vielmehr ein institutionell unentbehrliches Element in der Selbstorganisation zivilisatorisch hochentwickelter Gesellschaften sind. Das hat mit Volksromantik nationalsozialistischer oder internationalsozialistischer Prägung nicht das geringste zu tun. Es handelt sich vielmehr um eine Konsequenz des Faktums, daß in modernen komplexen Gesellschaften mit ihren großräumig expandierenden wechselseitigen Abhängigkeiten der Legitimationsbedarf anstehender politischer Entscheidungen wächst. Die Betroffenheiten der Bürger von den Nützlichkeiten und Nachteilen dieser Entscheidungen sind in komplexen Gesell-

schaften aus der Perspektive der Zentralen fortschreitend weniger genau kalkulierbar. Die Ergebnisse von
Abstimmungen summieren und repräsentieren dann
die einschlägigen Meinungen der betroffenen Bürger,
und sie tun es deutlicher als Wahlen allein es könnten.
Man kann auch sagen: In zivilisatorisch hochmoder-
nen Gesellschaften werden Volksrechte zum unent-
behrlichen Instrument der Informationserhebung und
der politischen Informationsverarbeitung Lebensverhältnisse betreffend, deren Kenntnis sich schließlich
am besten, ja einzig betroffenheitspraktisch gewinnen
läßt.

Das alte antiplebiszitäre Argument zieht nicht
mehr, demokratische Systeme seien doch Systeme in-
stitutionalisierter Verantwortlichkeit und politische
Verantwortung verlange doch, daß man auch zur Verantwortung gezogen, also als politischer Amtsträger
abgewählt werden könne. Gewiß: Wahlen und damit
Abwahlen sind zugleich Akte der Verantwortungs-
übernahme in Repräsentativsystemen. Aber das Argument, das doch im Unterschied zu den institutionalisierten Verantwortlichkeiten des Repräsentativsy-
stems das abstimmende Volk für die Konsequenzen
seines Mehrheitswillens politisch verantwortungsfrei
bleibe, ist verblüffend. Das Stimmbürgervolk trägt
doch in Nutzen und Nachteil die Folgen seiner Entscheidung direkt, erfreut sich ihrer oder erleidet sie
und modifiziert entsprechend seinen Willen fürs näch-
ste Mal. Die selbstkorrekturfördernde Kraft dieser Art
der Verantwortung wirkt auf Dauer sogar verläßlicher
als die repräsentative Verantwortungswahrnehmung
durch Gewählte, soweit diesen nach ihrer Abwahl
Möglichkeiten des Rückzugs in Abfindungsrefugien
offenstehen.

Zu den skizzierten informationsgewinnungs- und
-verarbeitungspraktischen Vorzügen der Volksrechte
gehört überdies, daß Bürger, die zu Abstimmungsvor-
lagen ihr Ja oder ihr Nein zu sprechen haben, über
Anlaß und voraussichtliche Wirkung ihrer Entscheidungen so oder so ungleich besser informiert zu sein
pflegen als Medienkonsumenten sogar noch bei bester
massenmedialer Berichterstattung über Sinn und Wi-
dersinn parlamentarischer Gesetzgebungsvorhaben.
Das hat seinen Grund in unseren Informationsrezep-
tionsgewohnheiten. Informationen werden ungleich
verläßlicher, auch genauer und nachhaltiger rezipiert,
wenn das in Handlungszusammenhängen geschieht,
und darum handelt es sich ja bei Vorbereitungen auf
Urnengänge abstimmungshalber. Ungleich stärker ist
demgegenüber der Modus der Informationsrezeption
an Vorabenden anstehender parlamentarischer Entscheidungen in reinen Repräsentativsystemen vom In-
fotainment geprägt und entsprechend nachhaltigkeits-
schwach. Auf diesen Unterschied sind denn auch die
Medienberichterstattungen bei Volksabstimmungen
einerseits und bei parlamentarischen Abstimmungen
andererseits eingestellt. Im Resultat ist der Informa-
tionsstand der Bürger, die nicht nur zu wählen, vielmehr auch abzustimmen gewöhnt sind, erwiesenermaßen höher als in reinen Repräsentativsystemen.

Pragmatische Erfordernisse der politischen Selbstorganisation zivilisatorisch hochentwickelter Gesellschaften sind es also, die die verfassungsrechtspolitische Institutionalisierung von Volksrechten fällig machen. Das ist es, was ihre expansive Inanspruchnahme
in Ländern erklärt, die solche Rechte seit langem erkennen – in Californien zum Beispiel und in der
Schweiz naheliegenderweise. Dazu paßt, daß eben die-

se beiden exemplarisch genannten Länder zu den zivilisationsevolutionär höchstentwickelten Regionen der Erde gehören. In Deutschland fügen sich dazu die Verfassungsreformen auf der Länderebene. Auf Bundesebene bleibt man eher zögerlich und europapolitisch erst recht. Angst vorm Stimmbürger wirkt hier lähmend. Parteien fürchten die Zersetzung ihres politischen Entscheidungsmonopols, die ja unvermeidlicherweise eintritt, sobald sie auf politisch konkurrenzfähige Stimmbürgermacht Rücksicht zu nehmen haben. Dabei sollte man dahingestellt sein lassen, über welche regionalen und sozialen Räume hinweg sich abstimmungskompetente Kommunitäten überhaupt bilden können und wo statt dessen subsidiär politische Entscheidungen, die sich auf Großräume von kontinentaler oder globaler Weite erstrecken, sich einzig in Institutionen treffen lassen, deren Mitglieder nicht Individuen, vielmehr international oder auch supranational kooperierende Körperschaften sind.

In einer global expandierenden Zivilisation sind es tatsächlich überwiegend Regierungsorganisationen, über die der Organisationsbedarf der Zivilisationsökumene bedient wird. Davon war die Rede. Aber je nützlicher und verläßlicher das geschieht, um so umfangreicher müssen zugleich, dezentral, die politischen Selbstbestimmungskompetenzen der regional zuständigen Körperschaften sein, und innerhalb ungewisser Grenzen nimmt dabei zugleich ihre Leistungsfähigkeit komplementär zu ihrer Kleinräumigkeit zu. Der noch nicht einmal abgeschlossene Prozeß der Pluralisierung der Staatenwelt, der das europäische 20. Jahrhundert prägt, will dazu passen und das Faktum gleichfalls, daß just die alten europäischen Kleinstaaten besonders günstige Daten aufzuweisen haben,

über die wir Wohlfahrtsniveaus zu vermessen pflegen
– von Dänemark über Luxemburg bis zur Schweiz und
von den Niederlanden bis Österreich desgleichen.
Modernisierungsabhängig erstrecken sich, wie geschildert, die Großorganisationen auf Räume von kontinentaler und globaler Weite. Komplementär dazu intensiviert sich der Selbstbestimmungswille kleiner politischer Einheiten historisch kontingenter Herkunftsprägung. Je weiter sich in der modernen Zivilisationsökumene der Kooperationsbedarf erstreckt, um so
kräftiger bringt sich zugleich der politische Wille zur
Geltung, im Verhältnis zum jeweils anderen ein anderer zu sein und zu bleiben.

3.5 Weltzivilisation ohne Weltstaat

3.5.1 Pluralisierung der Staatenwelt

Die Erde hat nicht die Rechtsgestalt eines Territoriums, wie es für Staaten konstitutiv ist. Es existiert kein
Grenzregime, und es gibt weder Zutritts- noch Aus-
schaffungsregeln. Die planetarische Basis der
Menschheit ist natural, nicht weltbürgerlich konstituiert. Die rhetorisch geschätzte Kennzeichnung
der Ressourcen des Planeten als „gemeinsames Erbe
der Menschheit" fingiert die Vorgegebenheit eines
Menschheitserbrechts oder doch die Fälligkeit, es endlich zu schaffen. In Wahrheit ist über die allermeisten
Ressourcen jeweils längst innerstaatlich verfügt, und
einzig dort, wo großräumig interagierende Interessen
konkurrieren, die sich entweder gar nicht oder be-

grenzt einvernehmlich befriedigen lassen, bilden sich
dann in der Tat erbschaftsrechtsanaloge Verteilungs-
regeln heraus – von den Wahlfangquoten über die exemplarisch erwähnten Regeln der Funkfrequenznut-
zung bis hin zu den inzwischen traditionsreichen
Rechten des Verkehrs auf freien Meeren.

Man orientierte sich an der anachronistischen Analogie der Nationalstaatsbildungen des 19. Jahrhunderts mit ihren zugehörigen Volksbewegungen, wenn
man die globale Expansion der modernen Zivilisation
in ihrem politischen Aspekt abermals auf eine Staats-
bildung – nur eben in größeren Dimensionen – hin-
auslaufen sähe. Im Fall der Schweizer Bundesstaatsbil-
dung, in der kleindeutschen Antwort auf das Scheitern
des großdeutschen demokratisch bewegten Aufbruchs
von 1848, in der italienischen Einigung schließlich
konstituierten sich tatsächlich Staatsvölker mit ihren
bürgerrechtlichen Inklusionen und Exklusionen. Politisch agierende Gruppen formierten sich, die die Eini-
gungen einforderten, ja sie trugen, wenigstens ihnen
akklamierten, das heißt, es bildeten sich parlamentsfä-
hige Parteien in nationaler Orientierung und Absicht,
und es taten sich Räume politischer Öffentlichkeit auf,
in denen komplexe Meinungen, sogar Weltanschauun-
gen und Ideologien interagierten, die um die Zustimmung und um Glauben der Bürger warben.

Die Bildung transnationaler Organisationen von
kontinentaler, ja globaler Reichweite, die in der Tat in
vollem Gange ist, folgt aber nicht diesem historischen
Staatsbildungsmuster. Es gibt die revolutionären Erhebungen und Bewegungen nicht, die endlich den europäischen Bundesstaat errichtet sehen möchten. Keine relevante weltbürgerliche Partei hat sich weltrepu-
blikanischen Zielen verpflichtet. Die WTO vereint

nicht freihandelsfreudige Unternehmer, und die
NATO ist unbeschadet ihrer Rolle als wichtigster mili-
tärischer Friedensgarant für die Völker des Westens
nicht das Subjekt diesbezüglicher bürgerlicher Mili-
tärdienstpflichten.

Kurz: Die Subjekte der modernen Internationalität
und Supranationalität sind nicht Bürgerbewegungen
einer höheren transnationalen, gar weltrepublikani-
schen Ordnung, vielmehr Körperschaften, die längst
verfaßt sind, Staaten vor allem. Das Ziel ihrer sich in-
stitutionalisierenden Kooperation ist die Selbsterhal-
tung und nicht die Erhebung eines neuen, höheren
und größeren Ganzen in den Rang des Sinns und der
Vollendung eigener Geschichte. Je größer die kontinentalen und globalen Räume sind, in die hinein sich
die Zuständigkeiten der modernen internationalen
und supranationalen Organisationen erstrecken, um
so mehr gleichen sie Zweckverbänden mit minimali-
siertem Wertekonsens. Hier strebt nicht zusammen,
was endlich zusammengehört – Christen aller Kirchen
oder darüber hinaus alle Abrahamskinder sogar,
Atlantiker, alle Menschen schließlich oder ihr frie-
densbereiter Teil wenigstens. Interessen und nicht die
Irresistibilität endlich offenbar gewordener tieferer
Verbundenheiten sind es, die zur Kooperation in modernen Großorganisationen motivieren, und die Erfahrung wechselseitig erfolgreicher Interessenbefrie-
digung stabilisiert sie und macht sie dauerhaft.

Staatsordnungen sind Friedenszwangsordnungen,
und das ist es, was es in der Zeit des Kalten Krieges
nahelegte, sich die politische Ordnung, die in der Lage
sein würde, den Ausbruch eines Dritten Weltkriegs
verläßlich auszuschließen, als eine weltstaatsanaloge
Ordnung vorzustellen. Der Terminus „Weltinnenpoli-

tik" wurde in diesem Denkkontext üblich. Er bezog
sich zur Zeit des bipolar georteten Weltmachtsystems
in erster Linie auf die Funktion der Friedenserhaltung.
Er ist aber über die Auflösung des „Weltfriedensla-
gers" hinaus verwendungsfähig geblieben. Auch Fälligkeiten einer Weltbevölkerungspolitik, des Klima-
schutzes oder der Bestandssicherung konkurrenzie-
rend genutzter biotischer Ressourcen lassen sich heute als Aufgaben einer Weltinnenpolitik kennzeichnen.
Der Staat jedoch, als dessen Innenpolitik sie staatsbe-
griffskonsequent zu denken wäre, existiert nicht, und keiner der Staaten, die heute in weltinnenpolitischen Angelegenheiten kooperieren, orientiert sich am Konzept einer Weltrepublik als der ultimativen Institution zur politischen Lösung bedrängender Weltprobleme.

Das ist nicht deswegen so, weil die Staaten traditi-
onsbefangen und selbstbezogen zur Einordnung in
eine höhere, weltrepublikanische Staatsordnung nicht
oder noch nicht bereit wären. Es ist vielmehr deswegen so, weil es keinerlei Grund gibt anzunehmen, eine
Institution staatsanaloger Handhabung weltinnenpoli-
tischer Probleme ließe sich funktionstüchtig konstru-
ieren. Niemand behauptet, die Beschlüsse der Weltkli-
makonferenzen erlaubten uns, mit wohlbegründetem
Vertrauen in die Zukunft zu blicken, und die Exekution dieser Beschlüsse vollziehe sich plangerecht und
eifererfüllt. Aber wer demgegenüber sich ausmalt, ein
Weltklimagesetz, weltrepublikanisch beschlossen und
administriert, könnte Industrien, private Haushalte,
global höchst differenzierte Landwirtschaften, Konsumenten und Verkehrsteilnehmer zwingen, den jeweiligen Treibgasausstoß auf nachhaltig klimakonser-
vierende Maße zu reduzieren, verknüpft lediglich ein
Konzept technischer Steuerung wünschenswerter kli-

matischer Evolution mit der Fiktion einer Instanz, die
uneingeschränkt über die politischen und organisatorischen Mittel verfügt, ein solches Konzept verbind-
lich und wirksam zu machen. In Wahrheit befinden
sich über die Konzepte zur technischen Steuerung
großräumiger naturaler und sozialer Prozesse hinaus,
die uns inzwischen weltinnenpolitisch bedrängen,
auch die Institutionen, die wir zur Handhabung solcher Konzepte benötigten, in rudimentären Stadien
ihrer Evolution. Der „Staat", der in unseren kleineren,
politisch verfaßten Lebensräumen unverändert die mit
Abstand wichtigste Institution ist, scheint unbeschadet des altvertrauten Unterschieds großer und kleiner
Staaten nicht eine größenordnungsindifferent funkti-
onsfähige Einrichtung zu sein, und das mit Abstand
wichtigste aller weltinnenpolitischen Probleme, die
Vermeidung eines Dritten Weltkriegs nämlich, hat
sich ja denn auch, gewiß nicht risikofrei, statt über die
aussichtslose Errichtung einer staatsanalogen Welt-
ordnung über den Kooperationszwang wechselseitig
vernichtungskompetenter Akteure lösen lassen. Muta-
tis mutandis sind auch sonstige, mit weltweiter Wirkung erfolgreich gewordene Konfliktlösungen analog
verlaufen – von den schon erwähnten Fischereiab-
kommen bis hin zu den mannigfachen Vereinbarun-
gen über die Öffnung von Grenzen für Personen oder
Güter und Dienstleistungen bis hin zur Wechselseitigkeit in der Anerkennung konfliktträchtiger Selbstbestimmungsrechte von Minderheiten. Die Struktur solcher Abkommen oder doch Konvergenzen ist immer
dieselbe: Es handelt sich um die Sicherung von Interessen, die sich entweder gar nicht oder in wechselseitig
anerkannten Ordnungen ihrer Konkurrenz zu wech-
selseitigem Vorteil befriedigen lassen.

In der Zusammenfassung heißt das: Die großräumige Ausbreitung der modernen Zivilisation vollzieht sich organisatorisch und politisch nicht in Formen der Herausbildung staatlich verfaßter oder kontrollierter Großräume. Ganz im Gegenteil scheint eine anhaltende Pluralisierung der Staatenwelt den zivilisatorischen Modernisierungsprozeß zu begleiten. Man hätte ja vermuten können, daß der zivilisationsabhängig wachsende Bedarf an großräumigen Organisationen die tradierten, staatlich verfaßten oder staatlich kontrollierten Großherrschaftsräume hätte begünstigen müssen, nämlich als historisch bereits präexistente Muster von institutionellen Ordnungen großer Räume, auf die in der Tat auch die moderne Zivilisation angewiesen ist. Es gibt eine politische k.u.k.-Romantik, die findet, kraft kontingenter, wenn auch seinerzeit irresistibler Umstände sei die österreichisch-ungarische Doppelmonarchie ein paar Jahrzehnte zu früh untergegangen. Hätte sie überlebt, so hätte sie sich, gehörig transformiert und modernisiert, zum mittel- und südostmitteleuropäischen Muster überfälliger europäischer Einigung erheben können, und das zumal in Gebieten traditionsreicher ethnischer Mischbesiedelung, in denen dann nach dem Ende der Doppelmonarchie im Restverlauf des 20. Jahrhunderts statt dessen mannigfache ethnische Säuberungen gewütet haben. Und war denn nicht auch die Sowjetunion Muster einer staatlichen Großraumordnung, deren Zerfall man unbeschadet der Genugtuung über den Untergang des real existent gewesenen Sozialismus im Interesse einer stabileren weltpolitischen Ordnung bedauern möchte? So hat man tatsächlich die Auflösung der Sowjetunion kommentieren hören, und man mag offenlassen, ob es nicht Sozialismus-Nachtrauer sei, die sich dahinter in letzter Instanz verbirgt.

So oder so: Im Osten Mitteleuropas und von dort bis nach Zentralasien und in den Vorderen Orient hinein hat sich in der kurzen Zeitdauer eines Menschenlebens über die vollständige oder partielle Auflösung der alten großstaatlichen Herrschaftsräume vom Zarenreich bis zum osmanischen Reich die Zahl der Staaten mehr als versiebenfacht. Als souveräne Völkerrechtssubjekte sind sie ausnahmslos längst Mitglied der Vereinten Nationen. Viele von ihnen sind inzwischen Mitglieder der Europäischen Union, und die Fahnen einiger dieser Länder wehen sogar vor dem NATO-Hauptquartier.

Die Irresistibilität dieses Prozesses staatlicher Pluralisierung erscheint im Rückblick eindrucksvoll. Es ist ja bekannt genug, daß etliche Länder, insbesondere die westeuropäischen Alliierten aus der Zeit des Ersten Weltkriegs, die Auflösung der in den Pariser Vorortverträgen geschaffenen staatlichen Ordnung jenseits der östlichen Grenzen Deutschlands bedauert, ja im Rahmen ihrer begrenzten Möglichkeiten aufzuhalten versucht haben. Das ist verständlich. Staatsneubildungen sind riskante, risikoträchtige Vorgänge. Staatsauflösungen, das heißt ihr Verfall zu mehreren Staaten, wirken potentiell destabilisierend. Die Balkankrise bestätigt das, und die politischen Katastrophen, die sich in der Kaukasus-Region ereignet haben, noch einmal.

Dennoch hat sich auch in den Zonen nationaler Konflikte, die sich gewaltsam entluden, der Vorgang der staatlichen Verselbständigung zuvor abhängig gewesener Regionen als unaufhaltsam erwiesen. Der spektakulärste Ausnahmefall ist Tschetschenien. Hier siegte im Spätwinter des Jahres 2000 Rußland. Zumindest erklärte Rußland, gesiegt zu haben, das heißt die

Widerstandskämpfer zogen sich in rauhe Gebirgsregionen zurück oder agieren terroristisch als Stadtguerilla. Serbiens Versuch, die albanisch geprägte Autonomie des Kosovo zu liquidieren, ist hingegen gescheitert, nämlich am Ordnungswillen der Amerikaner, ohne den die völkerrechtliche Basis, auf der die KFOR-Truppen operieren, politisch nicht hätte tragfähig werden können.

Was den Zerfall des alten Jugoslawien anbetrifft, so hat die Mehrheit der großen europäischen Länder diesen Zerfall bekanntlich bedauert, ja sie hat ihn aufzuhalten versucht. Um so eindrucksvoller ist die Irresistibilität, mit der hier der Vorgang der Neubildung kleiner Staaten ablief. Deutschland, auch Österreich, optierten für die politische Akzeptanz der Pluralisierung der Staatenwelt in diesem Teil Europas und damit für die völkerrechtliche Anerkennung der neuen Souveränitäten. Das war realistisch, wie man erkennt, wenn man sich die pragmatische Nicht-Existenz einer Alternative vergegenwärtigt. Hätten denn die neuen Staaten, Slowenien also und Kroation, als Subjekte eines illegitimen Separatismus, dem Willen Serbiens zur Behauptung und Wiederherstellung der ungeteilten Souveränität Groß-Jugoslawiens ausgesetzt und unterworfen bleiben sollen? Eine solche Politik offiziell zu vertreten – das hätte im geeinten Europa als spektakuläre Mißachtung des Prinzips der Selbstbestimmung erscheinen müssen. Nichtsdestoweniger sind Deutschland und Österreich durch ihre Vorreiterrolle im Prozeß der Anerkennung der neuen Staaten in Schwierigkeiten geraten. Sie wurden beschuldigt, durch ihre Akzeptanz des Zerfalls der groß-jugoslawischen Souveränität die kriegerischen Konflikte, die sie doch verhindern wollten, provoziert und intensiviert zu haben.

Die Bereitschaft, den Vorgang staatlicher Pluralisierung durch Zerfall eines Großstaats für irresistibel zu halten, habe die neue Realität, statt sie zu respektieren, überhaupt erst geschaffen – das war insoweit die zumal im Westen Europas verbreitete Meinung.

Die politische Validierung dieser Meinung und ihrer Gegenmeinung ist hier nicht das Thema. Es sei lediglich historisch daran erinnert, daß sich im fraglichen Meinungsstreit politische Optionen als fortdauernd virulent erwiesen, die bereits die Pariser Vorortverträge am Ende des Ersten Weltkriegs geprägt hatten. In den Vorwürfen an die Adresse Deutschlands und Österreichs ihrer politischen Optionen im Balkankonflikt wegen spiegelten sich Schwierigkeiten mit der Hinnahme des definitiven Zerfalls der politischen Ordnung, wie sie in dieser Region Europas aus dem Ersten Weltkrieg hervorgegangen war. Kurz: Meinung gegen Meinung formierten sich hier auf den traditionellen Konfliktlinien der großen Nationalstaaten Europas.

Um so eindrucksvoller, noch einmal, ist der fragliche Vorgang der Neubildung von Staaten in seiner durch gegenläufige machtpolitische Interessen nicht aufhaltbaren Kraft. Um es ohne jede Dramatisierung auszudrücken: Die Zahl der souveränen Mitglieder der UNO wächst. Der Trend der Pluralisierung der Staatenwelt läuft im Horizont einer Weltöffentlichkeit ab, die ihm überwiegend zustimmt und gegenläufige Versuche, ihm machtpolitisch mit Berufung auf die Legitimitätsvorstellung unteilbarer Souveränität aufzuhalten, ins Unrecht versetzt. Nicht Großstaatsbildung also, vielmehr staatliche Pluralisierung scheint entsprechend unsere Epoche temporal großräumig zu prägen. In Osteuropa und Ost-Mitteleuropa hat sich in den al-

ten Herrschaftsgebieten des Zarenreiches, der öster-
reichisch-ungarischen Doppelmonarchie und des osmanischen Reiches, also bis in den Vorderen Orient
hinein seit dem Ende des Ersten Weltkriegs bis zur
Auflösung der Sowjetunion die Zahl der Staaten, noch
einmal, mehr als versiebenfacht, und der Prozeß
scheint noch nicht einmal abgeschlossen zu sein.

Es liegt nahe zu erwidern, dabei handle es sich um
osteuropäische Sonderwelten mit residualen Nationalismen. Im Westen Europas hingegen ereigne sich
aber doch ein genau gegenläufiger Vorgang, nämlich
die Selbsteinbindung konsolidierter Staaten in die größere, supranationale Körperschaft der Europäischen
Union, die auf dem Wege sei, sich bundesstaatlich zu
verfassen. In der Tat: Komplementär zum Vorgang
staatlicher Pluralisierung bilden sich, wie geschildert,
Großorganisationen von kontinentaler, ja globaler
Reichweite heraus. Nichtsdestoweniger prägt sich der
Wille zur politischen Selbstbestimmung in kleinen
Körperschaften unbeschadet der europäischen Einigung auch in Westeuropa aus. Sogar separatistische
Tendenzen gibt es – ein Greuel aus dem Blickpunkt
der alten staatsbildenden Idee unteilbarer Souveränität. Gewiß: Die separatistischen Bewegungen Korsi-
kas oder des Baskenlandes sind marginal, das heißt, sie
sind mehrheitsunfähig, und gerade ihre Gewaltbereit-
schaft scheint es zu sein, die sie zu dieser Mehrheits-
unfähigkeit dauerhaft verurteilt. Aber in anderen Teilen Europas, in Schottland zum Beispiel, wird im me-
dienmoderierten Stil moderner öffentlicher Auseinandersetzungen in der Bürgerschaft, in Parteien und
sonstigen Organisationen die Frage dann und wann
öffentlich debattiert, ob nicht die bereits erreichte
Parlamentarisierung Schottlands durch eine staatliche

Verselbständigung zu überbieten sei. Jenseits des Atlantischen Ozeans, nämlich in Kanada, ist die staatliche Verselbständigung Quebecs bereits Gegenstand einer förmlichen Abstimmung gewesen. Der Entscheid fiel knapp für den Verbleib Quebecs bei Kanada aus. Definitiv erledigt ist die Angelegenheit damit nicht. Und in der Schweiz, immerhin, hat sich rite eine Staatsneubildung vollzogen, nämlich durch die Separation des neuen Kantons Jura von Bern. Das politische System, das einen solchen Separationsvorgang verfahrensförmig abzuwickeln erlaubt, ist zum Studienobjekt interessierter Separatisten geworden.

Dabei wäre es falsch, den Prozeß der Neubildung selbstbestimmungskompetenter politischer Körperschaften auf Vorgänge der Neubildung souveräner Staaten beschränken zu wollen. Auch die manifesten Tendenzen verfassungsrechtspolitischer Föderalisierung europäischer Staaten gehören in diesen Zusammenhang. Schottland hat jetzt, wie schon erwähnt, ein gesetzgebungskompetentes Parlament. Die Katalanen verstehen sich im Rahmen der Regionalisierung Spaniens als nicht-spanische Teilstaatsnation, deren gesamtstaatliche Loyalität sich auf die Krone bezieht. Das völkerrechtlich abgesicherte Autonomiestatut Südtirols hat die deutsche Mehrheit dieser reich gewordenen italienischen Provinz von jahrzehntelangen nationalistischen Bedrängnissen befreit. Der symbolische Sinn der Vorzugsentscheidung für das Nordtiroler Innsbruck bei der Wahl des Studienortes schwächt sich ab, und entsprechend läßt sich nun auch an neuen universitären Einrichtungen in Bozen und Brixen studieren. In Frankreich hat sich über das Verwaltungssystem der Departements ein Netz von Regionen gelegt, die den Status von Selbstverwaltungskörperschaften haben. Deren Kompetenzen sind schwach, aber es gibt nun diese Kompetenzen. Die Zahl der Regionen mit zweisprachigen Ortstafeln wächst – über Südtirol hinaus vom niederländischen Friesland über Kärnten bis zum Saterland.

In den alten Föderalstaaten Europas entspricht diesen Vorgängen eine Tendenz der Stärkung teilstaatlicher Kompetenzen. Die Kennzeichnung „Vollzugsföderalismus" für das Verhältnis zwischen Ländern und Gesamtstaat in Österreich hat unüberhörbar einen kritischen Sinn, in dem sich ein wachsendes politisches Selbstbewußtsein der Gliedstaaten spiegelt. In Deutschland haben die Bundesländer starke europapolitische Mitwirkungsrechte erstritten. Die Schweizer Kantone haben im Zuge einer Verfassungsrevision generell Mitwirkungsmöglichkeiten im „Bereich der Außenpolitik" geltend gemacht. Längst entspricht dem in Europa die Politik der Gründung von internationalen Regionen, in denen, staatsgrenzenüberschreitend, substaatliche Gebietskörperschaften kooperieren. Sogar auf Gemeindeebene geschieht das. Selbstverständlich erfolgt solche internationale gebietskörperschaftliche Kooperation im Legitimitätsschutz der überall förmlich gewährleisteten gesamtstaatlichen Zuständigkeit für außenpolitische Angelegenheiten. Nichtsdestoweniger dominieren im internationalen Regionalismus die regionalen Interessen benachbarter substaatlicher Körperschaften.

Zugleich wächst der Grad der Identifikation der Bevölkerung mit den verfaßten Einheiten ihrer regionalen und lokalen Selbstverwaltung. Im deutschen Bundesland Nordrhein-Westfalen scheiterte im letzten Jahr des vergangenen Jahrhunderts der Plan der Regierung, die sogenannten Landschaftsverbände zu-

gunsten von Verwaltungseinrichtungen aufzulösen,
die sich im verwaltungstechnischen Sinne als rationaler und billiger empfehlen sollten. Sein und bleiben zu
können, was man kraft bürgerschaftlicher Zugehörigkeit zu einer vertrauten und überdies auch in etlichen
Hinsichten bewährten Körperschaft ist – darum ging
es insoweit. Auch im politischen Lebensbereich bringt
sich damit die institutionenökonomische Einsicht zur
Geltung, daß Rationalisierungsgewinne verschmäht
werden, wenn man die Umgewöhnungskosten, Neuorientierungslasten und sonstigen Aufwendungen in
Rechnung stellt, ohne die der vermeintliche Gewinn
nicht zu haben ist. Dabei sind es keineswegs stets Zugehörigkeitsverhältnisse von großer historischer Herkunftstiefe und traditionaler Mächtigkeit, an die man
sich halten möchte. Das neue deutsche Bundesland
Brandenburg, das sich wie ein Kragen um das wiedervereinigte Groß-Berlin herumlegt, ist ja in dieser Gestalt ein sehr junges Gebilde, und nichtsdestoweniger
scheiterte der Plan der staatsrechtlichen Vereinigung
von Brandenburg und Berlin am Willen der Bürger.
Man erinnere sich auch an die älteren Abstimmungsgänge, in denen in Deutschland die Bürger in Regionen ehemals reichsstandschaftlicher staatlicher Selbständigkeit die Restitution dieser Selbständigkeit begehrten – so in Oldenburg und in Schaumburg-Lippe.
Auf der Gemeindeebene entspricht dem mannigfacher
Widerstand gegen Zusammenlegungsbefehle von
oben, nämlich durch den Gesetzgeber. In etlichen Fällen war dieser Widerstand, indem er die Hilfe der
Staatsgerichtshöfe in Anspruch nahm, sogar erfolgreich. Die inzwischen wieder aufgelöste Willkürstadt
Lahn, zu der sich die traditionsreich eigenständigen
Städte Gießen und Wetzlar zu vereinigen hatten, steht

dafür exemplarisch. Hätten die Gemeindebürger, wie in der Mehrzahl der Kantone der Schweiz, jeweils mit ihrer Stimme sich zu der Frage äußern können, ob sie mit Nachbargemeinden sich zusammenschließen möchten oder nicht, so hätte die Gebietskörperschaftsreform, die Mitte der siebziger Jahre das wichtigste politische Thema in den Bundesländern war, einen anderen Verlauf genommen. Die Zahl der Gemeinden und sonstigen Kommunen, also auch der Landkreise, wäre ungleich größer geblieben.

Es wäre eine demokratieromantische Verklärung des Volkswillens, wenn man unterstellte, daß die Selbständigkeits- und Verselbständigungsprätentionen kleiner Kommunitäten überall eo ipso die höhere organisationstechnische Rationalität für sich hätten. Darum handelt es sich nicht. Versucht man, das, was sich in den erwähnten und endlos verlängerungsfähigen Vorgängen zum Ausdruck bringt, auf seine modernitätsspezifische Quintessenz zu bringen, so ließe sich sagen: Modernisierungsabhängig wächst die Unbereitschaft der Menschen, fremdbestimmt Entscheidungen über ihre kommunitären Zugehörigkeitsverhältnisse zu akzeptieren. Die politischen Chancen, an grünen Diplomatentischen verfügen zu können, welche Völkerschaften sich hinfort als Staatsvölker zu verstehen hätten, werden geringer. Damit wird auch der Dauererfolg von Friedensschlüssen von der Art der erwähnten Pariser Vorortverträge unwahrscheinlicher, bei denen für Millionen von Menschen just solche Staatsvolkszugehörigkeitsverfügungen konstituiert wurden – dem Selbstbestimmungsrecht der Völker entgegen, das ja bei den Versuchen, die politischen Erfahrungen des Ersten Weltkriegs in eine dauerhafte Friedensordnung zu übersetzen, gleichfalls eine bedeutende Rolle spielte.

Die exemplarisch skizzierte Tendenz selbstbestim-
mungsorientierter Politisierung kleiner Kommunitäten folgt keiner bekannten Gesetzmäßigkeit. Hier handelt es sich ja zunächst nur darum, auf das Faktum dieser Tendenz in ihrer Großräumigkeit und anhaltenden
Mächtigkeit aufmerksam zu machen. Bemühungen um
die Erklärung und damit um das Verständnis dieser
Tendenz sind eine andere Sache. Antworten auf die
Frage, ob die fragliche Tendenz auch in außereuropäi-
schen Großstaaten eines geringeren zivilisatorischen
Modernitätsniveaus wirksam werden könnte, bleiben
spekulativ. Gewisse Indizien dafür, daß auch dort die
alten territorialen Großherrschaftsräume auflösungs-
bedroht sind, gibt es immerhin. Tatarstan, noch diesseits des Urals gelegen, hat bereits einmal seinen Austritt aus der Russischen Föderation begehrt, ist damit
freilich beim russischen Verfassungsgerichtshof gescheitert, nachdem die Sowjetverfassung, die als einzige Föderalstaatsverfassung jedem Unionsmitglied explizit das Recht des Austritts freistellte, nicht mehr
gilt. Auffällig ist die Politik Chinas zur Sicherung der
Integrität des Territoriums – eine Politik, die sich nun
nicht mehr gegen äußere, vielmehr gegen innere potentielle Feinde richtet. Die Tibeter widersetzen sich
beharrlich dem Ansinnen, sich emanzipatorisch zu einem verfassungspatriotisch bewegten Mitglied der
Völkerfamilie Chinas erheben zu sollen, und die Uigu-
ren im fernen Westen hofft man über Entwicklungs-
programme und Ansiedlungen von Chinesen china-
treu zu erhalten. Die staatliche Selbständigkeit Tai-
wans gilt als unbotmäßig und völkerrechtlich illegitim.
Prognostisch wagt man sich hier nicht zu äußern. Chinesen selbst äußern sich gelegentlich unbefangener
und meinen, daß mit steigender zivilisatorischer Mo-

dernität sich die Chancen der Erhaltung eines ein-
heitsparteilich beherrschten, einheitsstaatlich verfaßten chinesischen Zentralismus geringer werden.
Die dramatisch verlaufene Pluralisierung der Staatenwelt Afrikas gehört einem anderen historischen
Kontext an, der hier nicht thematisiert werden soll.
Man hat sich jedoch zu erinnern, daß der Dekoloniali-
sierungsprozeß sich mit dem unwidersprechlichen
Recht der Selbstbestimmung der Völker legitimierte.
Die Völker, für die die mannigfachen Befreiungsbewegungen und ihre Führer das Selbstbestimmungsrecht
in Anspruch nahmen, mögen dabei in etlichen Fällen
politisch fiktive Größen gewesen sein. So oder so erhob sich damit die Selbstbestimmung zu einem weltpolitischen Prinzip ersten Ranges, und es war unvermeidlich, daß nach den Völkern Ugandas oder der El-
fenbeinküste auch die in Großstaaten verfügten Min-
derheitsvölker Europas bei den ersten sich bietenden
Gelegenheiten auf das Selbstbestimmungsrecht rekur-
rierten.

Den wichtigsten Sonderfall repräsentieren auch in
diesem Kontext natürlich die USA. Von einer Gefährdung ihrer territorialen Großraumherrschaft von kontinentaler Weite kann nicht die Rede sein. Separations-
tendenzen gibt es nicht. Vorenthaltene Selbstbestimmungsansprüche machen, politisch marginal, einzig
residuale Autochthone geltend. Auch diese Ansprüche
sind unabweisbar, und sie werden im Rahmen von Au-
tonomiestatuten und bezogen auf Territorien von Re-
servatcharakter befriedigt. Das scheint zu gelingen. Im
übrigen ist es evidenterweise die hochföderale Verfassung, die in ihrer Effizienz die unangefochtene Legitimität und Macht des Gesamtstaats trägt und erhält
und darüber hinaus der Patriotismus eines Staatsvolks,

das sich gerade in seiner religiösen, ethnischen und
sonstigen historischen Heterogenität durch die Verfassung des Gesamtstaats freigesetzt und geschützt
weiß. Das ist es, was den Gedanken nahegelegt hat,
auch aus Europa Vereinigte Staaten zu machen und
somit die Europäische Union als hochföderal verfaßten Bundesstaat zu konstituieren. Es wäre ein Kapitel
für sich, plausibel zu machen, wieso dieser Gedanke
für vorerst unabsehbare Zeit illusionär bleiben wird.

3.5.2 Neue Nationalismen in emanzipatorischer Absicht

Die jüngeren Staatsneugründungen sind überwiegend
national orientiert – vor allem in Ost-Europa. Das hat
Verdacht erregt und Kritik provoziert. Sind nicht Nationalismen Relikte der Vergangenheit, die im zusam-
menwachsenden Europa allmählich politisch wir-
kungslos werden sollten? Unauslöschlich ist die Erinnerung an das 20. Jahrhundert durch die Katastrophen
geprägt, die vom aggressiven Nationalismus rechts-to-
talitärer Diktaturen ausgelöst wurden. Die europäische Zwischenkriegszeit war in der Tat eine Zeit ver-
späteter Versuche der Neuerrichtung territorialer
Großraumherrschaften in nationalistischer Absicht.
Bereits in seinem Hauptwerk „Mein Kampf" hatte
Adolf Hitler, als Führer der Nationalsozialistischen
Deutschen Arbeiterpartei, die Öffentlichkeit wissen
lassen, Deutschlands Zukunft liege im Osten. Und als
der Ost-Krieg begann, war in der Tat das anti-bolsche-
wistische Kriegsziel sekundär. Primär ging es um die
Gewinnung von „Lebensraum" für das großdeutsche
Volk. Großräumige Bevölkerungsverschiebungen, Be-

völkerungspolitik in so oder so mengensteuernder Absicht, Völkermord schließlich waren Teile des exekutierten Programms.

Zuvor schon hatte auch das faschistisch geführte Italien den verspäteten Versuch der Errichtung einer imperialen Großraumherrschaft in Nord- und Nordost-Afrika unternommen – mit Ausgriffen auch auf die einmal venezianisch beherrscht gewesene adriatische Gegenküste und sonstige Teile des Balkans. Unbeschadet tiefgreifender ideologischer Unterschiede zwischen Faschismus einerseits und Nationalsozialismus andererseits waren doch die so genannten Achsenmächte in ihrer nationalistischen Aggressivität einander verwandt und verbündet. Das von den beiden Volksführern in Anspruch genommene Recht der Verfügung über ganze Völker wurde von Hitler im Interesse dieses Bündnisses für einmal sogar gegen Deutsche in Anspruch genommen – in der mit dem Duce getroffenen Vereinbarung nämlich, den Südtirolern sei entweder die Option für die Italianità oder die endgültige Aufgabe ihrer Heimat zugunsten einer Übersiedlung ins Großdeutsche Reich aufzuerlegen. – Weltkriegspartner der Achsenmächte war schließlich auch noch Japan, und auch im Fall der japanischen Aggression handelte es sich um einen verspäteten Versuch territorialer Großherrschaftsbildung in kontinental-ozeanischen Dimensionen.

Mit der Kennzeichnung der drei gescheiterten nationalistischen Großstaatsbildungsversuche als „verspätet" verbindet sich nicht die Prätention einer Einsicht in die temporale Verfassung eines gesetzmäßigen Geschichtslaufs. „Verspätet" soll hier lediglich auf das historische Faktum verweisen, daß die Pluralisierung der Staatenwelt doch schon eingesetzt hatte, bevor die

drei aktiv weltkriegsführenden Länder ihren gegenläufigen Versuch der Großstaatsbildung unternahmen,
und daß nach dem Scheitern dieses Versuchs die gegenläufige Tendenz der Pluralisierung der Staatenwelt
von der Dekolonialisierung bis hin zum Verfall der
Sowjetunion und Groß-Jugoslawiens sich fortsetzte.
Allein das schon sollte erkennen lassen, daß die in der
Tat dominant nationalen Orientierungen im Kontext
der mannigfachen Staatsneubildungen nicht einfachhin nach Analogie der gescheiterten aggressiven Nationalismen zu beurteilen sind, die Großstaaten errichten wollten. Worum es sich statt dessen handelt,
wird deutlich, wenn man sich vergegenwärtigt, daß
doch zur schließlich erfolgreich gebliebenen Allianz
wider den aggressiven Nationalismus der weltkriegsauslösenden Diktaturen auch national orientierte
Kräfte und Mächte gehörten, die mannigfachen Nationalstaaten nämlich, die sich nicht nur in ihrer Souveränität und in den Freiheiten und Rechten ihrer Bürger, sondern auch in ihrer Nationalität kulturell und
politisch bedroht wußten. Sogar Rußland, das doch als
die nationale Dominanzmacht der Sowjetunion sich
nach den Maßgaben des Marxismus-Leninismus strikt
internationalistisch zu orientieren hatte, erhob dann
den Krieg gegen den „Faschismus", das heißt den
Krieg gegen das nationalsozialistisch geführte
Deutschland, zum Großen Vaterländischen Krieg mit
uneingeschränkter Neuerweckung aller politischen
Kräfte aus dem Willen zur Rettung der Nation und
blieb darin mit Nachwirkungen bis heute erfolgreich.

In der Quintessenz heißt das: Zum aggressiven Nationalismus verhält sich die nationale Orientierung in
politischer Selbstbehauptung komplementär. Es ist
den historischen Tatsachen angemessen, auch den na-

tionalen Orientierungen im Vorgang der staatlichen Pluralisierung Osteuropas Selbstverteidigungsabsichten zuzubilligen. Es handelt sich um Vorgänge der nationalen Emanzipation aus Abhängigkeiten von Groß-Herrschaftssystemen mit faktischer Dominanz von Mehrheitsnationen. Es gibt einen legitimen Nationalismus kraft Inanspruchnahme von Selbstbestimmungsrechten. Sind diese Rechte erstritten, so hat sich eine Nation politisch emanzipiert. Es wäre unbillig, einen solchen Vorgang der Selbstgewinnung der eigenen Nation als Staatsnation ein historisches Relikt aus überwindungsbedürftigen nationalistischen Traditionen zu nennen. Nur in Anerkennung dessen läßt sich auch erklären, wieso die Staatsbildungsvorgänge in der Absicht nationaler Befreiung vergleichsweise friedlich abliefen. Nie zuvor hat es kriegsfrei eine Neubildung von Grenzen staatlicher Souveränitäten in diesem Ausmaß gegeben. Das und nicht ein neuerliches Hervortreten aggressionsbereiter Nationalismen zeichnet historisch-politisch die Pluralisierung der Staatenwelt im Osten Europas aus.

Für die Auflösung Groß-Jugoslawiens, gewiß, gilt das eben nicht und für die Kaukasus-Region auch nicht. Aber in beiden Fällen waren es doch die zuvor dominant gewesenen Mehrheitsnationen, die sich der politischen Emanzipation der kleineren Nationen mit Gewalt widersetzten. Es entspricht der Raison traditioneller Machtpolitik, daß sich dann am Versuch, in einer politisch umstrittenen multi-ethnischen Nation Raumgewinne zu machen, nämlich in Bosnien, alsbald auch das soeben erst souverän gewordene Kroatien beteiligte. In dieser Region wurde folgerichtig erneut bis hin zu Aktionen physischer Liquidation mißliebiger Bevölkerungsteile ethnische Säuberung großen

Stils betrieben. Das erinnerte in der Tat an die Raum-
und Bevölkerungspolitik des nationalsozialistischen Ero-
berungskrieges im Osten, der dann in der völkerrechtlich
illegalen, aber politisch international akzeptierten ethnischen Säuberung der östlichen Provinzen Preußens sowie Böhmens von Deutschen sein Ende fand.

Aber noch einmal: Die weitaus überwiegende Zahl
der Staatsneubildungsvorgänge in Osteuropa hat sich
kriegsfrei vollzogen. Das hat eine Fülle von Voraussetzungen, die hier nicht zu erörtern sind, und die
wichtigste unter ihnen ist die inzwischen politisch irresistibel gewordene Legitimität des Anspruchs der Nationen auf Selbstbestimmung. Eben das erklärt
auch, wieso in diesen Fällen friedlich verlaufener
Staatsneubildungen die Volksgruppenrechte nationaler Minderheiten grundsätzlich anerkannt blieben. Die
Bevölkerung der fraglichen neuen Staaten ist ja keineswegs in allen Fällen national homogen. Hundert-
tausende Polen leben in Litauen. Der Anteil der Rus-
sen an der Einwohnerschaft Estlands liegt bei über
vierzig Prozent. In der Slowakei leben in beträchtli-
cher Anzahl Ungarn und in Rumänien desgleichen.
Mit Blick auf jeweilige jüngere oder auch ältere historische Hintergründe wird plausibel, wieso solche Volks-
gruppenmannigfaltigkeiten sich nicht konfliktfrei in
neue Staatsbürgerschaften verwandeln lassen. Aber
die völkerrechtlichen Regeln sind bekannt, deren Beachtung die innerstaatliche Koexistenz von Bürgern
verschiedener Nationalität sichern kann, und beim begehrten Beitritt zu den internationalen und supranationalen Organisationen vom Europarat über die
Europäische Union bis hin zur NATO wird die Anerkennung der fraglichen Regeln, die ihrerseits freilich
fortschreibungsbedürftig sind, verpflichtend.

Je irresistibler und effektiver sich das Prinzip der Selbstbestimmung im emanzipatorischen Nationalismus zur Geltung bringt, um so bedeutungsloser wird zugleich die inhaltliche Beantwortung der Frage, was denn eigentlich eine Nation sei. Sogenannte Verfassungspatrioten neigen dazu, die nationalen Orientierungen für herkunftsverhaftete, womöglich „ethnische" Atavismen zu halten. Es gehört zu den Heterostereotypen im Verhältnis Frankreichs zu Deutschland, den Deutschen ein solches Verständnis der Nation als eines ethnisch homogenen Gebildes mit Blut- und Bodenbindung zu unterstellen. Das Gegenbild der Nation ist dann die Nation als unteilbare Einheit aller Bürger mit ihren Rechten und Pflichten unbeschadet ihrer sonstigen kontingenten Prägungen und Optionen rassischer oder religiöser Art. Damit erhebt sich die Nation zu einer Rechtsgemeinschaft, die die Bürgerrechte gleich und nicht nach kontingenten Eigenschaften der Bürger differenziert gewährt oder gar ausschließt. Es ist wahr: Im nationalsozialistischen Deutschland wurden Staatsbürgerschaftsrechte nach rassischen Kriterien bestätigt oder aberkannt. Aber das ist eben nationalsozialistisch, und einer deutschen älteren Staatsbürgerschaftstradition entspricht es keineswegs. Exemplarisch heißt das: In der Bevölkerungsstatistik des kaiserlichen Deutschland wurden Franzosen im Westen, Dänen im Norden und Polen im Osten gemäß ihrer Staatszugehörigkeit unbeschadet ihrer etwaigen und vielleicht sogar ausgeprägten Minderheiteninteressen als Inländer gezählt, während umgekehrt in der Weimarer Republik der Deutsch-Österreicher Adolf Hitler erst über die Ernennung zum braunschweigischen Beamten in den Besitz eines deutschen Passes zu bringen war, um die beabsichtigte

politische Karriere auch bürgerrechtlich abzusichern.
Und abermals ist es wahr, daß die Gesetze der Bundesrepublik Deutschland den Deutschen Rußlands
zum Beispiel, auch wenn ihre Vorfahren bereits zu
Katharinas Zeiten nach Rußland ausgewandert sein
mögen, das Recht gewährt, nach Deutschland als Bürger Deutschlands zurückzukehren. Das wirkt in der
Tat auf manchen Nicht-Deutschen wie eine ethnisch
begründete Bürgerschaftsexpansion, die alles Deutsche bis in die Steppen Zentralasiens hinein rechtlich
einfangen möchte. In Wahrheit handelt es sich aber
um die kompensatorische Einräumung eines Heimat-
rechts für solche Deutsche, die nach dem deutschen
Angriff auf die Sowjetunion innersowjetisch just als
ethnisch Deutsche und einzig dieser Eigenschaft wegen ihrer alten russischen Heimat beraubt, nach Ka-
sachstan oder noch weiter vertrieben und aus der Ge-
meinschaft gleichberechtigter Sowjetmenschen ausgeschlossen worden waren. Kraft einer mißliebig gewordenen ethnischen Zugehörigkeit abgestempelt und
isoliert zu werden – darum handelte es sich, und man
erkennt die inhumane Gleichgültigkeit, die es hätte bedeuten müssen, diejenigen, Personen, die gänzlich
schuldlos ihrer deutschen Volksgruppenzugehörigkeit
wegen Opfer der Rache für den deutschen Angriff geworden und damit als Deutsche übel traktiert worden
waren, nach dem Untergang des Dritten Reiches die
rechtliche Zugehörigkeit zur mißliebig gewordenen
deutschen Nation zu verweigern, in die sie doch durch
jenen Racheakt zwangsversetzt worden waren.

Wer den Begriff der Nation exklusiv als Begriff einer staatlich verfaßten Rechtsgemeinschaft gelten lassen möchte, dementiert damit, daß es sinnvoll sei, von
einer Nation vor ihrer Existenz als Staatsnation zu re-

den. Aber dieses Dementi ist historisch naiv und politisch realitätsfremd. Solche Naivität und Wirklichkeitsferne ist, wo sie vorkommt, das Resultat einer langen Geschichte starker Einheit von Staatlichkeit und Nationalität. Das ist der Fall Frankreichs. Im deutschen Fall hingegen gab es, nämlich in nachnapoleonischer Ära, den Staat nicht, den man gern wie seit eh und je die Franzosen gehabt hätte und schließlich bekam. Daß dieser Staat kein Gebilde von der Art des untergegangenen alten Reiches sein könne, hatte gerade im Blick auf die Geschichte Frankreichs seine Evidenz. Andererseits war doch das untergegangene Reich eine historische Realität gewesen, die die Deutschen nicht nur als Preußen, Steirer, Bayern, Sachsen oder als Tiroler, als Frankfurter oder als Hamburger hinterlassen hatte, sondern eben auch als „Deutsche". Es war keine ethnisch inspirierte Fiktion, das nationalgeschichtlich explizit, symbolisch präsent und damit auch politisierbar zu machen. Noch in der Absetzung von Frankreich und in der Hervorkehrung dessen, was denn die Deutschen von den Franzosen und andere Völker wiederum von anderen unterscheide, imitierte man das bewunderte und gefürchtete Frankreich. Im Resümee heißt das: Der deutsche Begriff der Nation unterscheidet sich im Prinzip vom französischen Begriff der Nation gar nicht, vielmehr zunächst einzig historisch, nämlich durch den Unterschied, den es macht, ob man in einem Staat, der der Staat der eigenen Nation ist, bereits lebte oder ob man diesen Staat erst noch zu begründen hatte. Der deutsche romantische Nationalismus ist der Nationalismus einer vorstaatlich existenten, aber staatsbildungsinteressierten Nation. Und als dann die Staatsgründungschance sich politisch tatsächlich bot, mußte ja der

neue Staat nicht einmal großdeutsch sein, und wer
nichtsdestoweniger Großdeutschland favorisierte, war
im Regelfall auch kein ethnischer, gar chauvinistischer
Nationalist, vielmehr katholisch.

Noch einmal: Es ist die Nation im Stadium ihrer
Vorstaatlichkeit, die sich der noch gar nicht verfaßten,
aber doch in historisch geprägter Selbstwahrnehmung
wie Fremdwahrnehmung mit unscharfen Grenzen gegebenen Einheit des Volkes zu versichern sucht, aus
dem eine Bürgerschaft werden sollte, und sie vergegenwärtigt sich diese Einheit nach Sprache und Literatur, nach Erinnerung und nach ihrer Präsenz in Mythen, in Liedern und Märchen und schließlich histo-
riographisch. Dabei wird zugleich evident, daß die vermeintliche Einheit doch besser als Einheit in der Ver-
schiedenheit zu beschreiben sei. Und das wiederum
macht plausibel, daß der gesuchte Staat sich einzig als
Staat von Staaten organisieren lasse. Eine historisch-
politische Alternative dazu gab es ohnehin nicht, und
die wenigen intellektuellen Republikaner blieben mit
ihrer Idee der einen und unteilbaren Nation in
Deutschland marginal. Ganz analog dazu hatte sich ja
in der Schweiz die Einheitsnation der Helvetik auch
nicht dauerhaft machen lassen.

In der Quintessenz läuft das alles auf die Trivialität
hinaus, daß die nationalen Selbstidentifikationen benachbarter Nationen jeweils Funktionen ihrer unter-
schiedlichen politischen Geschichten sind. Den Begriff der Nation als einen Begriff dessen, worüber sich
ein Kollektiv politisch integriert und damit als die Einheit eines realen oder auch potentiellen Staatsvolks
definiert, tangiert das nicht – wie verschieden auch die
jeweiligen nationalen Mythen sein mögen. Daß eine
Nation, als staatlich verfaßte Rechtsgemeinschaft,

nichts als diese sein könne, ist dabei auch ein Mythos. Überall sammelt sich im Begriff der Nation über ihren Rechtscharakter hinaus jeweils die kontingente Fülle dessen, wodurch sich eine Nation von der Nachbarnation unterscheidet, und es gibt den Staat nicht, der seinen Bürgern über Rechtspflichten hinaus, die alle Menschen als Menschen miteinander verbinden, nicht auch solche Kontingenzen als rechtsverbindlich auferlegte. Nicht aus Gründen faktisch unvermeidlicher nationaler Selbstbornierung ist das so, vielmehr allein schon kraft organisationstechnischer Sachzwänge. Jeder Staat kennt ein Sprachenregime; jedes Strafrechtssystem enthält vom Katalog der Strafen bis zur Strafbarkeit oder Nichtstrafbarkeit der unterlassenen Hilfeleistung Elemente kontingenter Kultur; für das Eherecht gilt dasselbe, und so in nahezu allem. Analogien gibt es im interkulturellen Vergleich in Fülle, und auch der Universalienforscher wird fündig. Aber sogar der Verfassungspatriot übernimmt mit der jeweiligen Verfassung verbindliche Kontingenzen vielfältiger Art — föderalistische Traditionen hier und zentralistische dort, knappe Verfassungen oder beredte, volksrechtsfreundliche oder konsequent repräsentative, Bürgerrechtsinhaberschaft nach ius soli oder, wie modernitätsabhängig mehrheitlich, nach ius sanguinis etc. Anders gesagt: Die Bürgerrechte und Bürgerpflichten sind trivialerweise umfassender als die Menschenrechte und Menschenpflichten. Wer als Immigrant schließlich Brite wird oder Israeli, US-Amerikaner oder Österreicher — er findet damit jeweils mehr als nur die Anerkennung seiner Bürgerrechtssubjektivität. Er kommt nicht umhin, sich dem jeweils herrschenden Sprachregime zu unterwerfen, und auch die in Frankreich ihm zugemutete „Francisation" umfaßt weit

mehr als die Eigenschaften eines transzendentalen
Subjekts. Er gewinnt Eigenschaften einer Nationalität,
wie sie schließlich auch den Bretonen, Elsässern, Ok-
zitanen und Basken kraft der langen Geschichte zugemutet war, über die sie Franzosen wurden.

Es ist die historische Kontingenz unserer nationalen Zugehörigkeitsverhältnisse, die Nationen eo ipso
auch teilbar macht. Das Prinzip ihrer vermeintlichen
Unteilbarkeit repräsentiert demgegenüber nichts als
einen Verfassungswillen, dessen Dauerhaftigkeit seinerseits nie prinzipiell, vielmehr einzig faktisch gesichert oder auch gefährdet ist. Im deutschen Fall hatte
ja eindrucksvoll die romantische Bewegung die bunt-
gemischte Herkunftseinheit der Nation, die ihren
Staat finden sollte, gerade erst vergegenwärtigt, als mit
der Gründung des Deutschen Reiches die Teilung der
deutschen Nation schon manifest war. Am Ende des
Ersten Weltkriegs wollte diese Teilung zumal den
Österreichern, von links bis rechts, nicht mehr plausibel erscheinen. Das von außen auferlegte Verbot, sich
als Deutsche staatlich zusammenzuschließen, kam
dann Hitler in der Verfolgung seines Zieles zugute,
„vor der Geschichte den Eintritt" seiner „Heimat in
das Deutsche Reich" melden zu können. Die Folgen
dieses „Eintritts" unter dem Zeichen des Nationalsozialismus haben dann aus den Österreichern definitiv
eine konsolidierte Staatsnation gemacht, und die außerordentlichen Erfolge der zweiten österreichischen
Republik, die wirtschaftlichen zumal, prägen heute das
Selbstbewußtsein dieser konsolidierten Nation. Die
Unterscheidung von Österreichern und Deutschen,
die doch den Demokraten des Paulskirchenparla-
ments, in denen Österreicher neben Preußen oder
Sachsen saßen, ganz sinnwidrig hätte erscheinen müs-

sen, hat inzwischen über ihren trivialen Völkerrechts-
sinn hinaus längst Selbstverständlichkeitscharakter gewonnen, und schon hat man Mozart einen österreichischen Komponisten nennen hören, obwohl doch Mozart aus einem Lande stammt, das für die ganze Dauer
seines Lebens und weit darüber hinaus auch nicht für
eine Stunde zu Österreich gehörte.

In der Quintessenz besagen solche Geschichten:
Nation – das ist nicht ein Kollektiv unter Eigenschaften, deren Vorhandensein oder Nichtvorhandensein
festzustellen Expertensache von Ethnologen oder
Volkskundlern wäre. Aber nach ihrem Völkerrechts-
begriff ist eine Nation auch nicht eine Sache von ga-
rantierter Dauerwährung. Nationen können sich teilen, gar auflösen, und sogar das Interesse Dritter kann
erfolgreich sein oder scheitern wie im Falle der DDR.
Das bedeutet: Der Begriff der Nation positiviert sich
im Kontext der modernen Zivilisation zum Begriff eines kontingenten Kollektivs, das staatlich verfaßte
Selbstbestimmungsrechte behaupten und sichern oder
auch gewinnen möchte, nämlich durch Emanzipation
aus politischen Abhängigkeitsverhältnissen, die als
fremdverfaßt erfahren werden. Just diese Erfahrungen
gewinnen heute an Intensität, und sie prägen den insoweit skizzierten Vorgang modernitätsspezifischer
staatlicher Pluralisierung.

3.6 Netzverdichtung. Wieso die expandierende Zivilisation Dezentralisierungsprozesse auslöst

Zivilisationen sind technisch durch Netze zusammengebunden. Verkehrsnetze einerseits und Informationsnetze andererseits haben dabei die mit Abstand größte Bedeutung. Zivilisationsprozesse lassen sich entsprechend metonymisch als Vorgänge der Ausweitung und Verdichtung von Netzen beschreiben. Makrohistorisch betrachtet verlaufen die Vorgänge der Netzexpansion und der Netzverdichtung kontinuierlich. Im Vergleich kleinerer zivilisationsrevolutionärer Epochen erkennt man Schübe – den mittelalterlichen Wege- und Straßenbau zum Beispiel in Komplementarität zur Städtegründungswelle dieser Epoche, die ihrerseits sich ohne die großen technologischen Innovationen des Mittelalters vom Übergang zur Dreifelderwirtschaft bis hin zu zahllosen neuen Werkzeugen wie der Schubkarre zum Beispiel nicht hätte ereignen können. Analog gehört zur ersten industriellen Revolution der Eisenbahnbau, und erst das hat die rasche Entwicklung alter Metropolen zu Millionenstädten möglich gemacht, unter denen bekanntlich London die erste war. Das alles wissen wir aus dem gymnasialen Geschichtsunterricht, und Anschauung der Historie der Verkehrsnetzverdichtung bieten heute unsere glänzend ausgestatteten und didaktisch besucherfreundlich gemachten Verkehrsmuseen.

Weniger oft finden wir die zivilisationsevolutionären Veränderungen thematisiert, die mit der späteren, erst am Ende des 19. Jahrhunderts massenwirksam gewordenen technischen Ablösung der Informationsnetze von den Verkehrsnetzen verbunden waren. Man

vergegenwärtige sich: Noch zur Goethezeit und weit
darüber hinaus mußte ein jeder Brief, eine jede kauf-
männisch relevante Botschaft, jede Verwaltungsan-
ordnung und jeder militärische Befehl auf Landwegen
transportiert werden – mit reitenden Boten, mit der
Kutsche und später dann mit der Eisenbahn. Ver-
kehrsfreier Informationstransfer wurde, von älteren
teleoptischen Systemen mit ihrer marginalen Bedeutung einmal abgesehen, zuerst über die bereits in den
fünfziger Jahren des 19. Jahrhunderts verlegten Über-
seekabel möglich und massenhaft dann mit den in ex-
ponentiellen Verläufen sich verdichtenden modernen
Netzen vom Telefon bis zum Internet.

Der weitere Verlauf der Dinge ist nach technischer
Evolution und kultureller Wirkung im Detail unüber-
schaubar. Nichtsdestoweniger läßt sich auch heute
schon ein Effekt genau beschreiben, der mit der technischen Ablösung der Informationsnetze von den
Verkehrsnetzen verbunden ist und der es rechtfertigt,
diese Ablösung als ein Ereignis von zivilisationsrevolutionärer Bedeutung zu kennzeichnen. Technisch
verselbständigte Informationsnetze lassen sich nämlich schließen, das heißt, sie bilden Systeme, in welchen ein jeder Teilnehmer direkt mit jedem anderen
verbunden ist. Die so charakterisierte Netzschließung
wäre banalerweise bei Verkehrsnetzsystemen raum-
knappheitsbedingt niemals erreichbar. Verkehrsnetze
bleiben zwangsläufig vergleichsweise dünne Netze, in
denen sich Verkehrsverteilerzentren, Zentren eben,
bilden müssen. Geschlossene Informationsnetze hingegen sind zentrumsfrei. Im virtuellen Raum zen-
trumsunabhängig abrufbarer Informationen werden
die informationellen Voraussetzungen unserer berufli-
chen Kompetenzen, unserer Bildung, unserer prakti-

schen Orientierungen und Entscheidungen im Raum
gleichverteilt zugänglich. Der alte Unterschied, den es
insoweit machte, sich in der Metropole oder in der
Provinz zu befinden, löst sich auf. Stadtromantiker
hören das nicht gern und Intellektuelle erst recht
nicht, die vermeinen, in Hamburg habe man eo ipso
die Hand am Puls der Zeit und die Welt im Blick, während man oggersheimgeprägt provinziell existiere.

Selbstverständlich sollte man auch bei der Schilderung zentrumsauflösender Wirkungen geschlossener
Netze nicht übertreiben. Modernisierungsromantiker
neigen zu solcher Übertreibung, und wer entsprechend die relative Bedeutung der metropolitanen Zentren sich abschwächen sähe, wäre ja gehalten zu erklären, wieso nichtsdestoweniger Geschäftshochhäuser
überall Cluster bilden und die Neujahrsempfänge für
das diplomatische Corps traditionsgemäß in wohlrestaurierten Schlössern im Mittelpunkt altherrschaftlicher Metropolen stattfinden. Solche Erklärungen lassen sich selbstverständlich geben, sind aber aufwendig
und stehen den mit harten Fakten belegbaren Vorgängen nicht entgegen, die sich tatsächlich als Vorgänge
dramatisch schwindender Bedeutung der kulturgeschichtlich traditionsreichen Stadt-Land-Differenz lesen lassen. Exemplarisch heißt das: Während im 19.
Jahrhundert, als sich unsere Millionenstädte bildeten,
die großen und erfolgreich gewordenen Universitätsgründungen oder Neugründungen von Berlin über
London bis München sich tatsächlich in Metropolen
ereigneten, lassen sich heute sehr gute Universitäten
sogar in Wäldern errichten – vom Teutoburger Wald
bis zu den Wäldern des Bodan-Rücks. Provinz oder
Nicht-Provinz – das ist hier gar keine sinnvolle Alternative mehr. Moderne Mobilität einerseits und die in-

formationsnetzverdichtungsabhängig ubiquitär gewordene Präsenz bildungs- und forschungspraktisch
relevanten Wissens andererseits machen es möglich.
Die Differenz von Stadt und Land als eine Kultur-
differenz hat sich im Verlauf eines halben Jahrhunderts tatsächlich vollständig aufgelöst. Die Maturan-
tenquote ist ausgeglichen. Das „katholische Mädchen
vom Lande", das noch in den sechziger Jahren des 20.
Jahrhunderts bildungspolitisch als emanzipationsbei-
hilfebedürftig galt, nutzt inzwischen ihre akademisch
erworbenen Kompetenzen nicht zuletzt für eine um
so öffentlichkeitswirksamere Präsenz seiner Katholizität. Gewiß: Die modernen Universitäten in vermeintlich tiefer Provinz, die heute ihren Studenten
fast alles bieten, können ihnen einiges auch tatsächlich
nicht bieten, was bleibend exklusiv in den historischen
Metropolen zu haben ist – der Anblick von Zimelien
zum Beispiel, jenen buchhistorischen Prachtstücken
also, die in den Vitrinen der Eingangshallen alter Hof-
und Staatsbibliotheken ausliegen. Ihr Informations-
halt hingegen ist, digitalisiert, überall abrufbar, befreit
entsprechend das bibliothekarische Museumsgut von
schadensträchtigen Nutzungswünschen, die somit ihrerseits sich strikt auf paläographische und sonstige
Experten begrenzt bleiben.

Auch der politische Aspekt netzverdichtungsab-
hängiger Dezentralisierung sei noch mit einigen Fak-
tenvergegenwärtigungen anschaulich gemacht. Es gibt
ja die Öffentliche Meinung, die keine vage, vielmehr
höchst massive, überdies demoskopisch vermeßbare
Größe ist. Aber einen Sitz im Raum hat sie im Wir-
kungsbereich geschlossener Informationsnetze nicht.
Entsprechend sind auch die Bemühungen unserer Politiker, in Berücksichtigung oder in Versuchen der Be-

einflussung der öffentlichen Meinung Wähler und
Stimmbürger für sich zu gewinnen, nicht an fixe Örter
gebunden und auch an Zentralplätze nicht. Überall,
wo ein Mikrophon oder eine Kamera aufgestellt ist,
befindet man sich im Mittelpunkt des virtuellen Infor-
mationsraums, und die Wahl des Hintergrundbildes
hängt von seiner publikumsbezogenen symbolischen
Bedeutung ab – Feld-, Wald- und Wiesenszenen, ja sa-
nierungsbedürftige Müllplätze für ökopolitisch Interessierte oder auch architektonisch-avantgardistische
Regierungsgebäude   für   Fortschrittstraditionalisten
und häufiger noch die Säulenhallen und weiträumigen
Treppenaufgänge aus Zeiten untergegangener Monarchien. Das vor allem ist es, was im modernen Zivili-
sationsambiente diesen historischen Metropolen in
massenmedial eröffneten Räumen eine einzigartige
symbolische Bedeutung verschafft. Just der Umstand,
daß es sich dabei um Städte von aufdringlicher Histo-
rizität handelt, die überdies auch funktional weder
verkehrs- noch sicherheitstechnisch optimal sich an
aktuelle Anforderungen anpassen ließen, macht sie ästhetisch für die Erfüllung symbolischer Zwecke optimal geeignet. Dazu will passen, daß die internationalen
und supranationalen Körperschaften, in denen sich
heute die global gewordene Zivilisation organisiert,
Hauptstädte in der emphatischen traditionalen Bedeutung dieses Wortes nicht mehr hervorbringen. Der
Sitz der UNO, gewiß, ist in New York. Aber bei einer
Aufzählung der Eigenschaften, die die Singularität
New Yorks ausmachen, wird einem der Umstand, daß
dort der UNO-Generalsekretär residiert, vielleicht
nicht einmal einfallen. Die Europäische Union hat allerdings ihren Kommissionssitz in Brüssel, der Europäische Gerichtshof aber residiert in Luxemburg, das

Parlament in Straßburg und überdies mit einem Zweit-
sitz in Brüssel, während das Gremium, das die für die
Mitgliedsländer der Union rechtsverbindlichen Entscheidungen trifft, der Rat also, nach Belieben in Han-
nover oder in Nizza, auf Korfu oder in Maastricht zu-
sammentritt.

Zur politischen Bedeutung der global fortschrei-
tenden informationstechnischen Integration der modernen Zivilisation gehört überdies, daß die entscheidende technische Bedingung sich nachhaltig etablie-
render totalitärer Herrschaftsmacht, die Informa-
tionskontrolle, heute nicht mehr erfüllbar ist. Technisch primitive Massenmedien haben tatsächlich die
Exekutionen totalitärer Macht begünstigt. Der unver-
gessene „Volksempfänger" als Massenlenkungsinstru-
ment in der nationalsozialistischen Diktatur steht dafür. Hochentwickelte Informationstechnologie hingegen ist für Zwecke der politischen Einheitsmeinungs-
bildung nicht mehr unter Kontrolle zu halten.

Politisch und kulturell gleichermaßen bedeutsam
ist schließlich, daß die expansive Gleichverteilung der
Zugangs- und Nutzungsmöglichkeiten moderner
Massenmedien und Informationstechnologien gerade
nicht egalisierend und vermassend, vielmehr differen-
zierend und individualisierend wirkt. In Abhängigkeit
von unaufhebbar ungleich verteilten individuellen, ja
auch kollektiv gebundenen ungleichen Interessen und
Fähigkeiten informationeller Selbstbestimmung driften die tatsächlich erreichten Kompetenz- und Kom-
munikationsniveaus immer weiter auseinander, und
nie zuvor waren Formen der Ungleichheit, auf die sich
Forderungen distributiver Gerechtigkeit sinnvoll politisch gar nicht beziehen lassen, ausgeprägter präsent
als in der modernen sogenannten Massengesellschaft.

Die technische Zivilisation entwickelt sich, wie geschildert, tatsächlich zu einer Welteinheitszivilisation. Aber eben dieser Einheitscharakter ist es, der die zuletzt skizzierten Prozesse der Differenzierung und Individualisierung freisetzt und überdies Prozesse reflexiver Politisierung und Revitalisierung unterscheidungskräftiger Herkunftskulturen. Nicht zuletzt die neue weltpolitische Präsenz der Religion als eines Faktors internationaler Beziehungen macht das sichtbar.

3.7 Wieso in der Wissensgesellschaft Wahrheitsverbote wieder häufiger werden. Exkurs über Correctness

„Correctness" gilt im englisch angereicherten Neudeutsch als Neologismus für die uns angesonnene Beachtung moralisch qualifizierter Verhaltensregeln von öffentlicher Relevanz. In dieser Bedeutung wäre Correctness ein altvertrauter Bestand gemeinen Lebens. Die Menge der anlaßhalber dann und wann in Erinnerung gerufenen Correctnessregeln – das ist die herrschende Moral. Über die herrschende Moral belehrt uns die herrschende öffentliche Meinung über Moral. Moralverstöße mögen häufig sein. Solange sie als Moralverstöße gelten und von den Tätern oder Unterlassern eingeräumt, gar bedauert werden, ist die herrschende Moral intakt. Sie bleibt es kraft effizienter sozialer Kontrollen. Wichtiger als die Kontrolle devianten Verhaltens ist dabei stets die Kontrolle abweichender moralischer Meinung. Markierung dessen, was man im Streit der Meinungen als anerkennungspflichtiges und in genau diesem Sinne indisponibles Meinungsgut vorauszusetzen hat, ist altvertrauter Bestandteil der Redekunst. So heißt es bei Aristoteles im ersten Buch seiner Topik, „nicht jede These" sei diskutabel. Wer zum Beispiel öffentlich bestreitet, daß man „die Götter ehren und die Eltern lieben" solle, verdiene keine Erwiderung mittels der Bemühung, ihm den Irrtumscharakter seiner aparten Ansicht nachzuweisen. Er verdiene Zurechtweisung und bei Widersetzlichkeit Ausschluß aus dem Kreis der in ihren Meinungsäußerungen Ernstzunehmenden.

Es gibt also das Indiskutable. Dem Indiskutablen wird nicht widersprochen. Es wird mißbilligt. Gedanken sind frei, gewiß. Aber ihre öffentliche Äußerung als eigene Meinung ist es unumschränkt keineswegs. Über Taten und Unterlassungen hinaus sind eben auch Meinungen sozial kontrolliert, moralische Meinungen erst recht, und ohne solche sozialen Kontrollen könnte sich eine herrschende öffentliche Meinung gar nicht bilden und eine herrschende öffentliche Moral auch nicht. Mißbilligung inakzeptabel abweichender moralischer Meinung ist dabei eine sehr sanfte Sanktion. Im Extremfall reagiert die herrschende öffentliche Moral mit moralischer Disqualifikation. Im Ausdruck der Empörung kündigt sie sich an. Moralische Autoritäten können sogar mit bloßem Kopfschütteln mundtot machen, also Aberkennung des Anspruchs auf Gehör bewirken.

Das bedeutet: In den Räumen herrschender öffentlicher moralischer Meinung ist eine ausschlußrechtsfreie Diskursgemeinschaft nicht denkbar. Menschen gelten als sprach- und handlungsfähige Wesen, gewiß. Aber diese Kennzeichnung hat den Charakter einer gleichheitsverfügenden transzendentalen Zuschreibung, zu der sich die soziale Realität mit ihren höchst

differenzierten faktischen Kompetenzvoraussetzun-
gen anerkannter Gesprächsfähigkeit komplementär
verhält. „Das Recht, seine Meinung in Wort, Schrift
und Bild frei zu äußern und zu verbreiten" ist förmlich
jedermann zugesichert – so nach dem Wortlaut des
Grundgesetzes für die Bundesrepublik Deutschland.
Unbeschadet dieses Rechts bleibt aber der Zutritt zu
praktisch relevanten Gelegenheiten der Meinungs-
äußerung von Sonderbedingungen abhängig. Sogar die
„gesunden Sinne", so fand bereits der zitierte Aristoteles, seien eine dieser Bedingungen. Wo man Ursache
zu haben glaubt, ihre Existenz anzuzweifeln, erübri-
gen sich inhaltliche Argumente. Das ist die Pragmatik,
die sich unverändert auch heute sogar in Parlaments-
debatten zur Geltung bringt – in jenen Zwischenrufen
zum Beispiel, die den Worthaber am Rednerpult er-
muntern möchten, doch endlich aus seiner Tagträu-
merei aufzuwachen. Ideologiekritik und Psychoanaly-
se haben, modernitätsspezifisch, über ihre kulturellen
und politischen Wirkungen die diskursive Technik ge-
meinverwendungsfähig gemacht, vorgebrachte Meinungen durch Entlarvung als Interessensmaskeraden
oder als Neurosenexpressionen für kognitiv unbeachtlich zu erklären. Sogar in der akademischen Welt
sind dann und wann Diskurse zu beobachten, in denen die Diskurspartner, statt Argumente auszutau-
schen, sich wechselseitig als diskurskompetenzerwek-
kungsbedürftige Diskurskandidaten traktieren. Die
Moderatoren von Talk-Shows und sonstigen Diskus-
sionsrunden haben es ohnehin immer wieder einmal,
statt mit Meinungsaustausch, mit den Lästigkeiten
verbreiteter Logorrhoe zu tun und dann und wann
auch mit jener Schwäche, zu deren Kennzeichnung
früher das Wort „Dummheit" verfügbar war. Hoch-

entwickelte Techniken des Wortabschneidens oder auch die subtilere Kunst, Wortmeldungen unauffällig zu übersehen, sind Versuche, damit fertig zu werden. Ohne subtile, gar mehrheitlich zustimmungsfähige Antragsdisqualifikation könnte keine Aktionärsversammlung, kein Parteitag erfolgreich sein und nicht einmal ein wissenschaftlicher Fachkongreß ohne vorbereitende Erstellung von Rednerlisten mittels Selektionen gemäß begründeter Erwartung, von den schließlich Benannten werde man relevante Beiträge zum Kongreßthema zu hören bekommen.

Noch einmal also: Nicht das Recht, aber der Zugang zu den Gelegenheiten, öffentlich seine Meinung zu sagen, ist stets sozial kontrolliert, und diese Kontrolle ist nicht ein Hindernis öffentlicher Meinungsbildung, vielmehr deren Bedingung. Auch für die herrschende öffentliche moralische Meinung gilt das. Indessen: Die Fälle mehren sich, in denen Correctnessphänomene, die man als Anzeichen einer erfreulich stabilen öffentlichen Moral werten möchte, ihrerseits von Teilen der Öffentlichkeit als moralisch zweifelhaft erfahren werden. Wir finden uns heute immer wieder einmal mit moralischen Abmahnungen konfrontiert, die, statt gemeiner moralischer Meinung zu entsprechen und so die Herrschaft dieser gemeinen Moral zu bekräftigen, ihrerseits moralisch provozierend wirken. Die Gemeinsinnsdeckung öffentlich geltend gemachter Moral nimmt ab. Der Common sense erkennt sich in vielen moralischen Anforderungen, denen er sich ausgesetzt findet, gar nicht wieder. Statt Gemeines wird Ungemeines zu höherer Geltung erhoben. Konsensansprüche evozieren Dissens. Moral, die uns doch als die breite Straße gewiesen sein sollte, wo jedermann geht und niemand sich auszeichnet, wird zum Höhenweg, dessen Findung Expertenwissen voraussetzt und für dessen Begehung man sich zu Seilschaften zusammenschließen müßte. Politische Gegensätze werden von Tugendwächtern, statt überwunden, geschärft. Der Anstand wird parteilich, das Gemeine verächtlich und die Orientierung am Gemeinen als Populismus verdächtig. Das ist es, was uns heute, statt von gemeiner öffentlicher Moral, von Correctness sprechen läßt, und im Kontrast erkennt man, wieso die zitierte Aristotelische Verwerfung der befremdlichen Meinung, Elternliebe erübrige sich, als indiskutabel keine Correctness-Regel ist. Sie ist es deswegen nicht, weil das Gebot der Elternliebe, wie zahllose andere moralische Regeln auch, eine Pflicht von gemeinsinnsgeschützter Trivialität ist. Eben deswegen ist ihre Verleugnung, statt erörterungsfähig, mißbilligungsbedürftig. Demgegenüber sind Correctnessregeln zumeist Common sense-transzendent. Ihre Kontrolle liegt nicht beim Bürgersinn in seiner Zuständigkeit fürs Triviale, vielmehr bei Intellektuellen und Absolventen kritischer Schulen. Das ist nun ein Bestand, zu dem man sich nicht seinerseits moralisierend verhalten sollte. Der expansive Auftritt von Correctnesswächterschaften hat modernitätsspezifische Gründe. Zur Aufdeckung dieser Gründe soll hier ein kleiner Beitrag in vier Durchgängen geleistet werden – ineins mit der Beschreibung einiger Schadensfolgen für die politische Kultur, die sich mit der modernen Correctness-Praxis verbinden.

Erstens also: Correctnesseifer neigt zur Moralisierung kognitiver Gehalte. – Es bedarf der Vergegenwärtigung eines einfachen, aber realen, nicht-fiktiven Correctness-Falles, um zu sehen, was denn „Moralisie-

rung kognitiver Gehalte" heißen soll und wieso diese
Moralisierung zugleich schadensträchtig ist. Also:
Eine kleine Kirchengemeinde übernimmt die großräumig landeskirchenweit ausgegebene und überdies massenmedial verfestigte Correctness-Regel, ab sofort sei
zum Schutz der Regenwälder und damit zur Bewahrung der Schöpfung auf die Verwendung von Tropenholz zu verzichten. Entsprechend erfolgt die fällige
Neumöblierung des Gemeindesaals mit schlichten
Kiefernholzprodukten. Immerhin macht ein verdien-
tes Gemeindemitglied darauf aufmerksam, daß Hart-
holzmöbel zwar im Einkauf teurer seien, aber doch ihrer längeren Lebensdauer wegen ökonomisch vorteil-
haft. Und weil doch die fraglichen Möbel in der war-
men Jahreszeit auch als Gartenmöbel Verwendung
fänden, sei sogar regenfestes Tropenholz vorzuziehen. Schärfe im Widerspruch bleibt nicht aus. Er sei
doch, so wird dem abweichenden Glaubensbruder erwidert, im Holzhandel tätig, habe auch schon, wie man
wisse, im Rat der politischen Gemeinde die Verwendung von Tropenholz bei einer Brückenrenovation
durchzusetzen verstanden. Die Kirchengemeinde
habe sich aber nicht an Gesichtspunkte ökonomischer
Zweckmäßigkeit, vielmehr gemäß biblischer Weisung
am Grundwert der Schöpfungsbewahrung zu orientieren. Es sei gewiß nur ein kleiner Beitrag, den man hier
dazu leisten könne. Aber das Gebot, ihn tatsächlich zu
leisten, sei moralisch indisponibel – der Schutz des ge-
fährdeten Regenwalds nämlich durch rigorosen Verzicht auf Verleitung zu seiner Ausbeutung.

Das klingt unwidersprechlich, und man könnte den
Fall mit Worten Kants kommentieren. Es scheint sich
ja um einen Konflikt zwischen einer kategorisch gebotenen moralischen Pflicht, eben der Schöpfungsbe-

wahrung, einerseits und einer an kruden ökonomischen Interessen orientierten Budgetpolitik andererseits zu handeln. Wer fände, es sei eben schwierig, Politik und Moral bruchlos miteinander zu verbinden,
bekäme ja von Kant zu hören, in Schwierigkeiten könne dabei die Politik geraten, die Moral aber nicht. Sie
haue einfach „den Knoten entzwei", den die Politik
„nicht aufzulösen" vermochte. Die Politik erwägt
Vorteile und Nachteile. Die Moral hingegen verlangt
unbedingten Respekt ihrer Gebote.

Ersichtlich setzt dieser politische Moralismus kan-
tianischer Prägung Lagen voraus, in denen die Antwort auf die Frage, ob denn nun die Maxime des fraglichen politischen Handelns, für das man sich so oder
so zu entscheiden hat, als Prinzip einer allgemeinen
Gesetzgebung tauge oder nicht, sich zweifelsfrei geben läßt. Sonst geriete man doch über die Nutzung der
Moral als Schwert fürs Durchhauen der Knoten politischer Konflikte ihrerseits in moralisch relevante Konflikte mit der Realität. Schöpfungsbewahrung – das
scheint ja in der Tat eine moralische Verpflichtung rigorosen, unbezweifelbaren Charakters zu sein. Und
wenn die Rettung der Wälder im Tropengürtel unserer
Erde ihrerseits unbezweifelbarer Teil der Schöpfungsbewahrung wäre, so hätte man entsprechend auch der
neuen, von der Kirchengemeinde internalisierten Correctness-Regel zu folgen, auf Tropenholznutzung sei
strikt zu verzichten. Das gälte jedenfalls dann, wenn
diese Nutzung kausal für die unzweifelhafte, inzwischen längst wohlvermessene Schrumpfung der Regenwälder verantwortlich wäre. Aber schon den Ir-
realis-Anklängen in diesen Bedingungssätzen ist anzu-
hören, daß die Wirkungszusammenhänge, über die
doch die von der Kirchengemeinde praktizierte Cor-

rectness-Regel einzig effizient werden könnte, zweifelhaft sind. Eben das muß dann auch die moralische Dignität des harschen kirchengemeindlichen Correctness-Aburteils über die Empfehlung des Holzhändlers sowie über die Entscheidung der Ortsverwaltung mit ihrer Brückenrenovation gefährden. Der besagte Holzhändler wußte denn auch seine Empfehlung zum Ankauf gartentauglicher Tropenholzmöbel mit moralisch relevanten Sachargumenten zu verteidigen. Er hatte nämlich seiner Verbandspresse entnommen und sich überdies noch von einem befreundeten Forstprofessor erläutern lassen, daß die Regenwälder vor den Brandrodungen landhungriger Armer nur zu schützen seien, wenn man die Wälder in Forste verwandle, den Armen als Forstarbeiter Einkommen verschaffe und so die Nutzer dieser Transformation von Ur-Natur in Kultur an nachhaltiger Verfügbarkeit ihrer naturkulturellen Lebensbedingungen interessiert mache. Eben dafür sei ein florierender Tropenholzmarkt nötig. Entsprechend sei die correctnessbeflissene Kiefernholzmöblierung des Gemeindesaals nicht nur investitionsökonomisch, vielmehr auch moralisch ein Fehler gewesen.

Das mag nun so sein oder auch nicht, und wir mögen nicht einmal wissen, wer es genau weiß. Eben das läßt uns die Zusammenhänge erkennen: Die Kontrolle über die Solidität der kognitiven Voraussetzungen einer anstehenden praktischen Entscheidung ist selbst in dem zitierten marginalen Fall der Zuständigkeit gemeiner Lebenserfahrung entzogen. Zu den Verunsicherungsfolgen, die sich aus dieser Common-sense-Transzendenz sehr komplex gewordener Lebensvoraussetzungen ergeben, verhält sich die Neigung zur Rückversicherung bei Correctness-Regeln komple-

mentär. Sie kompensieren Desorientierung durch moralische Pseudogewißheit. Sicherlich: Auch die Argumente des Holzhändlers hätten vielleicht schließlich
Gehör finden können, so daß die Kirchengemeinde
ihre Correctness-Orientierung zugunsten einer an alternativen kognitiven Prämissen orientierten Entscheidung hätte aufgeben können. Aber unter Zeit-
druck gewinnen die Wirklichkeitsannahmen der jeweils größeren komplexitätsreduzierenden Kraft
leicht das Übergewicht. Die schlichte und in Wahrheit
ihrerseits überaus voraussetzungsreiche Hypothese,
Tropenholzverbrauch bewirke Regenwaldschwund,
ist müheloser und vor allem auch rascher rezipierbar
als die komplexe Argumentation mit dem wohltätigen,
nämlich zugleich schöpfungsbewahrungsdienlichen
Ausgleich der Interessen aller Beteiligten über Markt-
mechanismen. Soll man denn erst eine volkswirt-
schaftliche Vorlesung besuchen, bevor man eine moralisch pflichtgemäße Entscheidung trifft? Überdies
haben Verzichte wie im exemplarischen Fall der auf
Tropenholz stets eine moralische Vorzugsqualität gegenüber der Inanspruchnahme von Vorteilen, die man
sich auf Märkten verschaffen kann. Für die herrschende öffentliche Meinung bedeutet das: Eine falsche, jedenfalls zweifelhafte Kognition, die Tropenholznutzung mit Regenwaldschwund kurzschließt, wird mora-
lisiert und über eine Correctness-Regel in ihrer moralischen Qualität festgeschrieben. Man lebt möglicher-
weise im Irrtum. Aber solange man das nicht bemerkt
und die vielleicht sogar schwerwiegenden, aber sehr
entfernten Folgen dieses Irrtums auch nicht, verbleibt
doch der subjektive Vorteil restabilisierter Gewißheit.

Zweitens: Correctness läßt Argumente zur Sache als Zynismen erscheinen. – Zynismus gilt traditionellerweise als Komplementärphänomen der Heuchelei. Beide unterliegen dem Aburteil herrschender öffentlicher Moral. Der Heuchler entzieht sich ihrer Geltung praktisch, das aber im Schutz ihrer verbalen Anerkennung. Der Zyniker hingegen kündigt auch in ausdrücklich gemachter Meinung seine Bereitschaft zur Anerkennung ihrer Geltung. Das Aburteil über die Zyniker muß daher im Regelfall schärfer als über die Heuchler ausfallen – mit einer Beimischung von Bewunderung vielleicht über die heucheleifreie Ehrlichkeit, mit der der Zyniker sich der moralisch herrschenden öffentlichen Meinung entzieht.

Correctnessherrschaft läßt den Zynismusvorwurf häufiger werden. Das ist eine Konsequenz der skizzierten modernitätsspezifischen Tendenz der Moralisierung kognitiver Gehalte. Mit der Zunahme des Anteils nicht-trivialer, also gemeinsinnstranszendenter Wirklichkeitsannahmen an den kognitiven Prämissen unserer zivilisatorischen Lebensvoraussetzungen wächst die Wahrscheinlichkeit unterschiedlicher Einschätzung kollektiver Lebenslagen nach Verläßlichkeit oder drohenden Risiken. Das blanke Wissen, nichts Genaues zu wissen, ist nicht leicht erträglich, und die entsprechende Unerträglichkeit intensiviert sich noch unter dem Druck der medialen Erfahrung, daß die Fachleute, auf die man sich doch sollte verlassen können, sich ihrerseits widersprechen. Gemessen an objektiven Beständen wie Verläßlichkeit materieller Versorgung, erreichbaren Hilfen in Notfällen, auch durchschnittlicher Lebenserwartung hat das Sicherheitsniveau unserer Lebensverbringung eine zivilisationsevolutionär nie zuvor gekannte Höhe erreicht. Subjektiv hat man es mit den Befindlichkeitsfolgen

unserer Abhängigkeit vom Vertrauen in die Solidität
der Könnerschaft und in die Wohlbegründetheit der
Wirklichkeitsannahmen von Fachleuten zu tun, von
deren Leistungen wir uns real abhängig wissen. Im
Regelfall wird unser Vertrauen nicht enttäuscht. Wäre
das anders, ließe sich in einer Zivilisation rasch wachsender Abhängigkeiten von den Leistungen sozial weit
entfernter Anderer gar nicht leben. Aber die Zahl der
Fälle nimmt zu, in denen der Vertrauenskitt bröckelt.
Die entsprechend herausgeforderte Lebenskunst, insoweit im Ungewissen zu existieren, ist kulturell und
sozial ungleich verteilt. Entsprechend erhöht sich die
Nachfrage nach sicherheitsverschaffenden Lagebe-
richten, und die Neigung, günstige Auskünfte zur ver-
bindlichen Meinung zu machen, wächst. Komplementär dazu erscheint dann die abweichende Meinung, obwohl doch auch sie gute Gründe für sich hat, als Zynismus.

Wissen ist besser als Nichtwissen. Aber just jener
berühmte deutsche Kernphysiker, der wie kein anderer unter seinen Kollegen aus Wissenschaft und Industrie diesen Grundsatz beharrlich zur Geltung
brachte, mußte die Erfahrung machen, daß die Verar-
beitung des wissenschaftlich-technischen Fortschritts
allein schon auf der kognitiven Ebene auch im moralischen Sinn überaus konfliktträchtig ist. Der besagte
Professor disqualifizierte sich öffentlich selbst durch
eine vergleichende Risikoanalyse, die in ihrem Resultat
in der Öffentlichkeit gerade nicht unter dem Gesichts-
punkt validiert wurde, ob sie denn zutreffend oder
eher unzutreffend sei, vielmehr als zynisch verworfen.
Es handelte sich um die nach statistischer Evidenz mit
der Energiegewinnungspraxis regelmäßig verbunde-
nen Unfallraten und näherhin sogar Todesraten. Im

energiegewinnungsgeschichtlichen Vergleich schien
sich zu ergeben, daß nach den Unfalltodesraten pro
Einheit gewonnener Energie der Kohlebergbau, erst
recht natürlich die heute energiewirtschaftlich margi-
nalisierte Brennholzgewinnung bislang ungleich risikoträchtiger gewesen sei als die industrielle Kernenergiegewinnung, und zwar unbeschadet der Jahrhun-
dertkatastrophe von Tschernobyl. So betrachtet, fand
der Professor, sei speziell unter klimapolitischen Ge-
sichtspunkten mit der ihrerseits unleugbar risikoträch-
tigen Kernenergiegewinnung fortzufahren. Die Unvermeidlichkeit von Risiken sei uns ja auch aus anderen Lebensbereichen vertraut – aus unserem Umgang
mit Personenkraftwagen zum Beispiel. Demgegenüber, gewiß, sei das Schadensausmaß eines potentiellen, unkontrollierbar gewordenen Kernenergieunfalls
in der Tat sehr groß, wie der Fall Tschernobyl lehre,
die Eintrittswahrscheinlichkeit eines solchen Unfalls
aber extrem gering, so daß in der Multiplikation dieser
beiden Faktoren von Schadensausmaß einerseits und
Eintrittswahrscheinlichkeit andererseits das Risiko der
Kernenergienutzung sich doch in erträglichen Grenzen halte und in der Abwägung mit Risiken allenfalls
realisierbarer Alternativen vorzuziehen.

Der Skandal, den die alsbald öffentlich als Zynismus klassifizierte Meinung des Professors auslöste,
ergab sich aus der inzwischen ihrerseits wohlerforsch-
ten Tatsache, daß wir auf das Schadensausmaß von
Unfällen ungleich empfindlicher als auf ihre Eintrittswahrscheinlichkeit reagieren. Ob diese Reaktions-
weise ihre Rationalität hat oder eher nicht, sei hier
nicht diskutiert. So oder so nimmt aus technischen wie
aus wirtschaftlichen und sozialen Gründen modernitätsabhängig das potentielle Schadensausmaß hand-

lungsbewirkter Katastrophen zu, und eben aus diesem
Grund sinkt in modernen Gesellschaften die Risikoak-
zeptanz rascher als die Genugtuung über komplemen-
täre Wohlfahrtssteigerungen anwächst. Der Auftritt
radikaler Correctness-Wächter wird wahrscheinlicher.
Radikalisten – so müßte man im fraglichen politischen
Kontext diejenigen nennen, die statt Risikovorbeu-
gung durch Sicherheitstechnik oder auch durch ver-
schärfte Haftpflichtregeln Verzichte verlangen. Kern-
energiepolitisch hat sich dieser Radikalismus sogar in
etlichen Ländern durchgesetzt – in partiell freilich nur
symbolisch gemeint gewesenen Gesetzgebungsvorhaben, die mit dem Ende der Kernenergienutzung immerhin einen Anfang machen wollten. Inzwischen
sind die Empörungspotentiale, die in dieser Sache vor
einem Vierteljahrhundert mobilisierbar waren, etwas
geringer geworden. Der Ruch des Zynismus hat sich
über die unscharf gewordenen Fronten energiepoliti-
scher Optionen hin ausgebreitet und ist dabei zugleich
dünner geworden.

Drittens fixiert die Herrschaft von Correctness-Regeln
partielle Realitätsverluste. – Trivialerweise rezipieren
wir Informationen stets lieber und leichter, wenn sie
zu bestätigen scheinen, was wir ohnehin schon für
richtig hielten. Das ist altbekannt, und weil das so ist,
bleibt die Herausbildung und Sicherung unserer Fähigkeit umzulernen von anspruchsvollen Voraussetzungen abhängig. Im durchschlagenden Endeffekt
werden wir, individuell wie kollektiv, zumeist von den
Schadensfolgen unserer Orientierung an vorgefaßten
Irrtümern eines Besseren belehrt. In der zivilisatorischen Evolution wird es aber schwieriger, die Wirkungszusammenhänge zwischen Mißverstand und

Mißerfolg zuschreibungspraktisch unter Kontrolle zu halten. Damit vergrößert sich zugleich die Wahrscheinlichkeit der Irrtumskonservierung. Correctnessherrschaften etablieren sich, die öffentliche Meinungen in der Absicht moralisch gebotenen Kampfes gegen Mißstände fixieren, die ihrerseits eine praktische Folge der correctnessbewehrten fraglichen öffentlichen Meinung sind. Eben das ist der hier gemeinte Realitätsverlust.

Kann es das überhaupt geben? – so möchte man zweifelnd fragen. Nun – auch heute noch treten ja bei Gewerkschaftskongressen Kollegen auf, die die traditionsreiche Forderung weiterer Arbeitszeitverkürzung mit dem nicht ganz so alten Argument begründen, das sei man nicht zuletzt den arbeitslosen Kollegen schuldig. Die dabei maßgebende Vorstellung ist bekanntlich die, benötigte Arbeit habe den Charakter einer fixen Menge, die nach Regeln egalitätsorientierter Verteilungsgerechtigkeit zuzuteilen sei und somit zugunsten der derzeit noch Arbeitslosen vom aktuellen Stundensoll der Arbeitsbesitzer in Abzug zu bringen. Daueraufenthalt in akademischen Kommunitäten fördert politische Naivität, und entsprechend hat man es erleben können, daß ein professoraler Gastreferent gegen eine Correctnessmauer anlief und schließlich mit seinem Vortrag in einem Entrüstungssturm unterging, als er aus gegebenem Anlaß auf Länder verwies, in denen ungleich längere Arbeitszeiten mit einer um die Hälfte geringeren Arbeitslosenquote korrelieren.

Analoge Effekte ließen sich in den Frühzeiten der durchaus erfolgreich gewesenen Politik der Egalisierung von Bildungschancen beobachten. Ralf Dahrendorf hatte in der zweiten Hälfte der sechziger Jahre des 20. Jahrhunderts das „katholische Mädchen auf

dem Lande" entdeckt, und das bildungssoziologische
Faktum war nicht zu bezweifeln, daß die Wahrscheinlichkeit, wir würden später diesem Mädchen als erfolgreicher Abiturientin in universitären Hörsälen wieder-
begegnen können, beträchtlich geringer sei als im analogen Fall eines männlichen Schülers aus sozial geho-
benen protestantischen Großstadtmilieus. Tatsächlich
hat es dann nur eines guten Vierteljahrhunderts be-
durft, um die Emanzipationshindernisse der Ländlich-
keit, der Weiblichkeit und der Katholizität wegzuar-
beiten. Um so überraschender kam für viele Bildungs-
politiker die Erfahrung, daß just die gewährleistete
Chancenegalität die tatsächlich auf Bildungswegen erreichten Kompetenzniveaus, anstatt sie zu homogeni-
sieren, immer weiter auseinanderdriften ließ. Gerade
vollendet durchdemokratisierte Gesellschaften sind
elitetreibende Gesellschaften. Wieso das so ist – das
bedarf hier keiner Erläuterung. Aber es gab Zeiten der
Verweigerung in der Anerkennung dieses Effekts, und
die Correctness-Regeln, in die sich diese Verweigerung umsetzte, verlangten entsprechend die Unsicht-
barmachung der Differenzierungsfolgen einer konsequenten Wegarbeit aller Standes- und Klassenschran-
ken gleichheitshalber. Als Verfahren dieser Unsicht-
barmachung boten sich Praktiken der Notenvergabe
an, und die revolutionshistorisch altbekannte Neigung
zur Nivellierung auf höchstem Niveau setzte sich hier
und da durch. Als das sich wegen offenbarer Absurdi-
tät nicht durchhalten ließ, wurden Programme schuli-
scher und akademischer Förderung junger Talente
mittels Verzicht auf Benotung aufgelegt. Die Benotung ihrerseits geriet darüber in den Verdacht, zu moralisch fragwürdigen Vergleichspraktiken anzuregen
und Solidargemeinschaften in Konkurrenzgesellschaf-

ten zu verwandeln. Auf Relikte der in solchen Phänomenen sich manifestierenden Realitätsresistenz stößt
man dann und wann auch heute noch. Das Wort „Elite", gewiß, unterliegt einem sprachpolitischen Correctnessverbot inzwischen nicht mehr. Statt dessen las
man Transparente mit der Inschrift „Eliteförderung ja
– aber bitte für alle!" Man mag zweifeln, ob diese Parole dem Geist der Correctness oder studentischem
Witz entstammt.

Es sei wiederholt, daß hier dahingestellt bleiben
muß, wie in zitierten Fällen Recht und Unrecht der
Meinungen sich verteilen. Correctnessphänomene begründen Irrtumsvermutung. Aber ein Irrtumsbeweis
sind sie auch nicht. Thema ist hier das Correctness-
Phänomen als solches, nämlich die exemplarisch in
Erinnerung gebrachten Tendenzen jener schadensfolgenreichen Moralisierung öffentlicher Meinung, die
aus einsichtigen Gründen in modernen Gesellschaften
rascher als unser Wissen und Können zunehmen muß.
Im Deutschen gibt es die sprichwörtliche Redensart
„Das darf nicht wahr sein!" Diese Redensart möchte
natürlich nicht Wirklichkeiten verbieten. Sie erinnert
vielmehr an Gebote und Verbote, die, wenn sie korrekt beachtet worden wären, vermeidbar gemacht hätten, was statt dessen nun leider Wahrheit ist. Correctnesshalber wird aber inzwischen der Wirklichkeit selber verboten zu sein, was zu sein sie den Anschein hat,
und Correctness erhöht die Resistenz gegen jene Aufklärungseffekte, die im Märchen vom Kaiser von China die Naivität erzielte.

Viertens verführt Correctness zur strategischen Nutzung der Moral als Medium politischer Disqualifikation. – Moral ist eine scharfe Waffe, wie wir aus der ja-

kobinischen Frühgeschichte totalitärer Herrschaft
wissen können. Eben deswegen setzt die Erhaltung
freier Lebensordnungen voraus, daß eine unmittelbare
Exekution moralischer Aburteilssprüche nicht stattfinden kann. Das moralische Urteil, das sich naturge-
mäß bei groben Verstößen wider die Rechte anderer
jedermann aufdrängt, bedarf, wenn es wirksam werden soll, der Approbation durch gesetzesgebundene
Richtersprüche in ordnungsgemäßen Verfahren. Moralische Argumente, gewiß, sind ein Teil der Begrün-
dungen, die geltende Gesetze und verbindliche Urteile
tragen und anerkannt sein lassen. Aber das Recht sichert zugleich weite Räume unserer Lebensverbringung, in denen konventionelle Moral als Medium sozialer Kontrollen nützlich, ja unentbehrlich ist, aber
eben ohne institutionalisierte Verbindlichkeiten und
Zuständigkeiten von etablierten Moralscharfrichtern.
Wer sich insoweit in liberalen Lebensordnungen pri-
vat und öffentlich an Recht und Gesetz hält und überdies auch die Regeln gemeiner Moral nicht grob verletzt, existiert sozusagen untangierbar im vollen Ge-
nuß des öffentlichen Schutzes seiner Bürger- und Per-
sönlichkeitsrechte. So sollte es jedenfalls sein.

Correctnesswächter wissen sich der gemeinen Verpflichtung zur Beachtung von Persönlichkeitsrechten
enthoben. Sie nehmen sich die illiberale Freiheit, unangenehme Ansichten, statt sie zu widerlegen, mittels
Disqualifikation der moralischen Integrität ihrer Subjekte zu bekämpfen. Auch in kleinen, politisch marginalen Zusammenhängen ist das inzwischen eingeris-
sen. Da war doch ein amtierender Kreisarzt nicht umhin gekommen, in seinem Gesundheitsbericht statistisch basiert festzustellen, in einer Gemeinde des
Kreises sei der Gesundheitszustand der Schüler aller

Schulstufen disproportional niedrig, die Schulfähig-
keit der Einschulungspflichtigen desgleichen und somit auch noch der Anteil derjenigen, die früher einmal,
aus heutiger Perspektive verbal, auch verwaltungs-
sprachlich inkorrekt, als „Hilfsschüler" registriert
worden wären. Die gegebenen historischen und sozialen Umstände wollten es, daß die Gemeinde, für die
das galt, einem alttradierten Vorurteil ausgesetzt war,
eine Problemkommunität zu sein. Da hatte man doch
nun alles Erdenkliche längst getan, was geeignet gewesen sein mochte, das einschlägige Vorurteil endlich
definitiv grundlos zu machen. Schulversorgungsprak-
tisch gab es schon seit Jahrzehnten keinerlei Mängel
mehr. Die Ärztedichte konnte nicht besser sein und
überbot die der Nachbargemeinden. Die Fortbil-
dungsangebote der Kreisvolkshochschule ließen zu
wünschen nichts übrig und wurden auch hoch fre-
quentiert – und nun der gesundheitsärztliche Zustandsbericht! Es wäre ja denkbar gewesen, daß dieser
Bericht erhebungspraktisch methodologische Fehler
aufwies. Auszuschließen war selbstverständlich auch
nicht eine kontingente Abweichung von der Gleichverteilung sozialstatistischer Zuständlichkeiten über
die Fläche, die im Normalfall zu erwarten gewesen
wäre. Ausreißer ohne Signifikanz begegnen uns ja bei
solchen Deskriptionen immer wieder einmal, und
beim großräumigen Vergleich mit analogen Gesund-
heitsberichten in Nachbarregionen wäre das vielleicht
sichtbar geworden.

Aber wer hätte das alles überprüfen sollen? Dafür
fehlte es an Zeit, an Kompetenz, auch an Geld, und so
verblieb als naheliegender Ausweg in der Absicht, den
mißlichen Zustandsbericht zu desavouieren, seine
moralische Disqualifikation und ineins damit die des

Berichterstatters. Wie sich eine methodisch korrekt gearbeitete Erhebung moralisch disqualifizieren lasse, bliebe generell freilich uneinsichtig. Im fraglichen, speziell deutschen Fall bot sich der Ausweg an, sich durch diesen Bericht an „die schlimmsten Zeiten der deutschen Geschichte" erinnern zu lassen. Diese Erinnerung lag tatsächlich nahe. Als die Nationalsozialistische Deutsche Arbeiterpartei diktatorial regierte, hatten sich nämlich die Behörden auch schon einmal mit der Problemkommunität befaßt, und das in der damals sich ideologisch legitimierenden totalitären Weise, die im Extremfall Sterilisationsverfügungen einschloß. Das alles war wohlbekannt und längst auch gut erforscht. Die moralisch wie rechtlich gebotene Antwort auf die Herausforderung einer solchen Vergangenheit, die Antwort nämlich „Nie wieder!", war doch in der Rechtsordnung der zweiten deutschen Demokratie erfolgreich und verläßlich institutionalisiert. Welchen Sinn hatte also die Skandalisierung des Berichts über Gegebenheiten, bei denen es sich vielleicht um Relikte der Gegebenheiten handeln mochte, auf die sich einst die menschenrechtswidrige Menschheitsemendationspraxis der Nationalsozialisten bezogen hatte? Irgendein schulpraktischer oder sonstiger kommunalpolitischer Zweck dieser Skandalisierung war nicht erkennbar. Es handelte sich vielmehr um eine Konsequenz der Correctnessverfügung, die den Antinationalsozialismus rechtlich geschützter und gebotener Hilfen für Benachteiligte durch die Fiktion überboten wissen wollte, es gäbe doch diese Benachteiligungen gar nicht. Die Erhebungen des armen Kreisarztes waren damit in den Ruch nazianaloger Machenschaften versetzt. Die zuständige politische Partei, in deren Schutz die Correctnessanwältin sprechen zu können glaubte, zog es klugerweise vor, sich hier nicht zu exponieren. Aber der Anspruch, in der öffentlichen Disqualifikation des Kreisarztes habe sich doch der korrekte, empfindlichere Umgang mit der totalitären Ortsvergangenheit betätigt, blieb unwidersprochen.

Es hängt mit der moralischen Natur dieser Ungeniertheit im öffentlichen Angriff auf die moralische Integrität mißliebiger Personen zusammen, daß die Praxis solcher Disqualifikation sich keineswegs auf Subjekte bescheidenerer Einsicht und Kenntnis beschränkt. Sie ist im Intellektuellenmilieu sogar häufiger, und zwar vorzugsweise dann, wenn es sich um Intellektuelle handelt, denen in correctnessdurchherrschten politischen Räumen die Rolle des Mahners zugewachsen ist. So fand ich mich selbst einmal zu meiner Verblüffung durch einen prominenten Kollegen, dessen Name hier nichts zur Sache tut, als philosophisches Relikt jenes Geistes identifiziert, von dem auch Adolf Eichmann schon bei seinen administrativen Verrichtungen geleitet gewesen sei. Ich hatte nämlich zur öffentlichen Kritik an eingerissenen schulischen Unordnungszuständen, die Lehrern und tüchtigen Schülern die Arbeits- und Lernfreude vergällen mußten, für die lebenserleichternden Vorzüge von Ordnung, Pünktlichkeit und Sauberkeit geworben. Das sei ein Plädoyer für KZ-Moral, so hieß es, und auch prominente Politiker äußerten sich ähnlich. Wer Retourkutschen schätzte, könnte erwidern, daß es sich bei der correctnessorientierten Verwerfung der Sekundärtugenden um eine unerträgliche Desavouierung der tapferen Soldaten handelt, die die militärische Macht des Dritten Reiches niedergerungen haben und damit auch die überlebenden Insassen der Konzentrationslager befreit. Wie hätten denn diese Soldaten erfolgreich sein können, wenn sie über die Primärtugend ihrer Tapferkeit hinaus nicht auch noch die Sekundärtugenden der Disziplin, der Pünktlichkeit, ja sogar der Sauberkeit in der Waffenpflege zum Beispiel, aufgeboten hätten? Überdies bliebe zu erwidern, daß es doch eine Charakteristik der KZ-Wirklichkeit von exorbitanter Befremdlichkeit wäre, wenn man sie für eine von Sekundärtugenden erfüllt gewesene Wirklichkeit hielte. –

Correctnesswächter hüten Diskursgemeinschaften durch Ausschluß unwillkommener Meinung mittels Verfügung, daß es unmoralisch sei, sie zu haben. Daß es in genau diesem Sinne unmoralische Meinungen gibt, ist trivial. Auf diese Trivialität bezog sich Aristoteles in der zitierten Maßgabe seiner Topik, daß man nicht mit jedermann über alles reden könne, und als Disqualifikationskriterium führte er exemplarisch Aufkündigungen gemeiner moralischer Meinung an. Um ein hartes Kriterium handelt es sich dabei gewiß nicht. Historismus und überdies die Resultate empirischer Meinungsforschung belehren uns über dramatische Wandlungen gemeinhin herrschender öffentlicher Meinung. Um so deutlicher heben sich freilich zugleich jene fast uneingeschränkt global geltenden normativen Allgemeinheiten heraus, die in einer langen Reihe von Deklarationen völkerrechtlich festgeschrieben sind, analog in Grundgesetzen von nationaler Geltung, und Prozeßrechte garantieren Gehör, Einspruchsfristen, Berufung gar und sonstige diskursive Bedingungen fairer Entscheidung in Klage- und Anklagefällen.

In der Quintessenz heißt das: Die gemeine Meinung ist als Instanz in diskursiven Prozessen keines-

wegs ein Relikt aus archaischen Lebensverhältnissen,
zu denen sich modernisierungsschockierte konservative Neo-Aristoteliker vermeintlich romantisierend verhalten. Kulturevolutionär verhält sich die Sache genau
umgekehrt: Je moderner wir leben, um so wichtiger
wird die Funktion der gemeinen Meinung und des
Sinns für sie, des Gemeinsinns also, als Instanz prakti-
scher Orientierung in moralischen und politischen Lebenszusammenhängen. Entsprechend entwickelte
sich vor allem im Zeitalter der europäischen Aufklärung die Theorie des Common sense zu einem Zen-
tralstück der Lehre von der Politik, und es ist nicht
schwer einsichtig zu machen, wieso das so ist. Der mit
Abstand wichtigste Grund ist die Angewiesenheit der
europäischen Frühdemokratie und ihrer Vorstufen
auf eine Vergegenwärtigung derjenigen Kompetenzen,
über die – um es mit Rainer Specht zu sagen – jeder
beliebige Billy Smith ebenso verfügt wie die Lords
oder gar der König von England. Der Begriff des
Common sense ist ein Begriff genau dieser Kompetenz. Ohne Leistungen aus dieser Kompetenz, ohne
die praktischen Orientierungsleistungen des Gemeinsinns also, blieben demokratische Systeme funktions-
untüchtig und wären politisch nicht organisierbar. Auf
der anderen Seite nimmt, gleichfalls modernisierungsabhängig, mit dem Grad der Dynamik und Komplexität unserer Zivilisation die relative Reichweite der
Sachzuständigkeit des Common sense ab, und die Frage ist, wie sich die aufbrechende Orientierungslücke
zwischen Common-sense-Wissen einerseits und den
expandierenden Ungemeinheiten moderner zivilisatorischer Lebensvoraussetzungen andererseits schließen
lasse. Die Geschichte der politischen Philosophie
nach der Aufklärung läßt sich als Geschichte der Ant-

worten auf genau diese Frage lesen, und einige der
fraglichen Antworten sind politisch wirksam geworden. Für die Idee der technokratischen Transformation der sich verwissenschaftlichenden und technisie-
renden modernen Gesellschaft zum Beispiel gilt das –
von Francis Bacon über den Saint-Simonismus mit
seinen sogenannten frühsozialistischen Bewegtheiten
bis zum Comtismus in der brasilianischen Revolution
am Ende des 19. Jahrhunderts. Experten, gewiß, sind
unentbehrlich. Jeder, der die Hilfe eines Arztes in Anspruch nehmen muß, weiß es, und jede Regierung, die
einen Seuchenzug stoppen soll, weiß es gleichfalls.
Und so in allem. Da drängt es sich auf, auch fürs Ganze und Allgemeine eine Spezialistenkompetenz zu be-
mühen. Die maßgebende Idee ist, endlich auch den
Common sense in seiner demokratischen Allzustän-
digkeit über den Volksschulstatus mit seiner verbind-
lich gemachten gemeinen Bildung hinaus zu heben
und zu verwissenschaftlichen. Die Intellektuellenkon-
strukte der Großideologien des 19. und 20. Jahrhunderts leisteten genau das. Sie wiesen den Punkt, aus
dem sich die Welt kurieren und neu organisieren lasse.
Sie machten die endlich entdeckte Gesetzmäßigkeit
des Geschichtslaufs offenbar und erhoben es zur politisch sanktionierten moralischen Pflicht, den Ge-
schichtsgesetzen, nämlich ihren Interpreten, gehor-
sam zu sein. Was universell gilt, brachte sich parteilich
zur Geltung. Um korrekt zu sein, genügte Linientreue.
Die Totalitarismen waren Systeme konkurrenzfrei und
ausnahmslos gemachter Correctness.

   Es wäre Unfug, die aktuellen Correctnessphänomene generell für Totalitarismusrelikte der untergegangenen totalitären Ideologien zu halten. Die fraglichen Phänomene sind ja in allen modernen Gesell-

schaften zu beobachten, und zwar auch dort, wo die großen Ideologien politisch nie herrschend geworden sind und damit die Idee auch nicht, in die Funktionsstelle des Gemeinsinns ließe sich eine wissenschaftliche Weltanschauung einsetzen. Indessen: Auch das Correctnessphänomen gehört in die Geschichte der Versuche, die expandierende Lücke zwischen den Orientierungsleistungen des Gemeinsinns einerseits und den ungemeinen kognitiven Lebensvoraussetzungen, von denen wir in der modernen Zivilisation abhängig geworden sind, zu schließen. Correctness – das ist der Versuch, Orientierungsunsicherheit mittels moralischer Dezision zu bannen. Die Plausibilität dieses Versuchs beruht auf der Common-sense-nahen Erfahrung der deliberationsunbedürftigen Simplizität grundlegender moralischer Unterscheidungen, ohne die wir nicht alltagsfähig wären. Aber wie sich die Schöpfung bewahren lasse – das ist eben eine Frage, auf die eine alltagserfahrungsbewährte Antwort nicht zur Verfügung steht, und dennoch will sie im Alltag einer Kirchengemeinde beantwortet sein. Correctnessorientiert kann man das.

Beschreibt man das Phänomen so, so wird man nicht finden wollen, hier ließe sich rasch etwas ändern – gar durch die Ausrufung von Correctnessverboten über Correctnessverbote. In letzter Instanz handelt es sich ja um das Problem, wie sich der Gemeinsinn mit seinen trivialen, aber fundamentalen moralischen und kognitiven Maßgaben in der Menge dessen, worauf wir uns kollektiv in modernen Gesellschaften über die Kompetenzgrenzen des Gemeinsinns hinaus orientierungspraktisch angewiesen wissen, wirksam und überdies lernfähig halten lasse. Die Antwort auf diese Frage gehört nicht mehr hierher. Immerhin sei noch

daran erinnert, daß es sich um expertokratische Ablö-
sungen des Gemeinsinns nicht handeln kann und um
Versuche seiner Verwissenschaftlichung nach Maßgabe von Großtheorien universalistischen Anspruchs
ebensowenig. In Übereinstimmung mit tatsächlich be-
obachtbaren verfassungsrechtspolitischen Entwick-
lungen haben wir eher zu erwarten, daß dem Common
sense institutionalisierte Entscheidungskompetenzen
zuwachsen, die ihm bisher gar nicht gegeben waren –
vielerlei Formen direkter Demokratie mit ihrer Tendenz der moralischen Trivialisierung politischer
Großziele und der Unterwerfung der Leistungen der
Experten unter kollektivierte Urteile ihrer Bekömm-
lichkeit. Correctnesswächter sind ihrer Sache stets zu
sicher, und das ist erwiesenermaßen unbekömmlich.
Die Stimmbürger in hochentwickelten modernen Gesellschaften merken das und stimmen sie nieder.

3.8 Wieso in der wissenschaftlich-techni-schen Zivilisation Risiken auffälliger werden. Exkurs über neue Kontingenz-erfahrungen

Je moderner wir leben, um so risikoempfindlicher
werden wir. Unsere Sicherheitsansprüche wachsen.
Die „Risikogesellschaft" konnte deswegen schon vor
zwanzig Jahren zu einem Bestseller-Thema und damit
zu einem Schlagwort werden. Die Vermutung, ja Ge-
wissheit, modernisierungsabhängig lebten wir gefährlicher als unsere Vorfahren, entfaltete bis in den politischen Lebenszusammenhang hinein Wirkung, und in
der Tat: Jedem Medienkonsumenten standen als ver-

meintlicher Beleg für die Gefährlichkeit modernen Lebens die großen Industriekatastrophen von Bhopal bis Tschernobyl vor Augen. Tankerunfälle mit ihren ökologischen, auch touristischen Schadensfolgen ereigneten sich in Küstennähe vielfach, und der Sanierungsbedarf, den uns mit seinen militärisch-industriellen Anlagekomplexen der real existent gewesene Sozialismus hinterlassen hat, wirkte nachhaltig deprimierend.

Jüngere Themen, in denen technische Modernität und Weltpolitik verknüpft sind, intensivieren fortlaufend Befindlichkeiten der Verunsicherung. Jeder aufgeweckte Mittelklassenschüler ist heute in der Lage, einen Aufsatz über globale Auswirkungen inkrementalistischer Prozesse zu schreiben, über die sich die im individuellen Fall vermeintlich vernachlässigungsfähig geringen Schadensfolgen der Lebensgewohnheiten der Angehörigen hochentwickelter Zivilisationen von der Pkw-Nutzung bis zur Haustechnik klimaverändernd aufsummieren. Epidemische Gefährdungen unserer Gesundheit durch Produkte industrialisierter Landwirtschaft sind manifest geworden. Und jetzt hat auch noch der politische und religiöse Fanatismus entdeckt, wie wirksam sich verhaßte moderne Gesellschaftssysteme terroristisch durch gezielte Aktionen gegen ihre infrastrukturellen Anlagen treffen lassen. Jedem Urlaubstouristen wird das heute bei Gelegenheit der Sicherheitskontrollen vorm Zugang zum Flugzeug gegenwärtig, und sogar die Sicherheit elektronisch gespeicherter Information, ohne die wir in wichtigen wirtschaftlichen und politischen Lebenszusammenhängen handlungsunfähig würden, erscheint in Medienberichten dann und wann als bedroht, und tatsächlich hat es auch auf diese Sicherheit bereits Anschläge gegeben.

Die Risikoträchtigkeit modernen Lebens hat also
ihre eindrückliche mediale und reale Evidenz, und der
Anstieg unserer Sicherheitsansprüche einschließlich
der Kosten, die wir für ihre Erfüllung aufzubringen
bereit sind, entspricht dem. Daß die Risiken, denen
wir uns heute ausgesetzt finden, generell größer sind
als die Risiken vormoderner Lebensverfassung, ist damit nicht erwiesen, und es ist keine Begriffsspielerei,
daran zu erinnern, daß die Risiken, die uns heute unleugbar bedrohen, nicht einfachhin am Schadensausmaß der Großkatastrophen zu messen sind, von denen wir als Nachrichtenkonsumenten hören oder die
uns sogar mitbetreffen. Das Schadensausmaß der Un-
fallfolgen des Radbruchs eines Hochgeschwindig-
keitszuges ist niederschmetternd. Aber die Unfallstati-
stik belehrt uns doch auch über die Seltenheit einer
solchen Katastrophe, und die übergroße Mehrheit der
Reisenden weiß inzwischen, daß über dieselbe Strecke
die Benutzung des Pkw riskanter als eine Eisenbahn-
fahrt ist. Kurz: Zu wissen, was uns droht, genügt noch
nicht zur Einschätzung der Risikoträchtigkeit unserer
Lebenslage. Vielmehr brauchen wir überdies einige
Kenntnis der Wahrscheinlichkeit, mit der die Drohung Wirklichkeit werden könnte. Daß es sich so verhält, ist keineswegs lebensfernes akademisches Wissen. Es handelt sich vielmehr um ein Wissen, ohne das
kein Versicherungsvertrag, über den wir Risiken ab-
decken möchten, möglich wäre. Es handelt sich somit
um das Gemeinwissen von Millionen – von haft-
pflichtversicherten Pkw-Fahrern zum Beispiel oder
von feuerversicherten Haus-Eignern. Immerhin: Die
Üblichkeit und Fähigkeit, sich realistisch an Wahr-
scheinlichkeiten zu orientieren, ist kulturgeschichtlich
relativ neu, und noch im 19. Jahrhundert reagierten

theologisch gebildete Fromme mit Empörung auf die Mitteilung von Statistikern über die ungefähre Zahl von Suizidfällen, mit denen man leider auch im kommenden Jahr zu rechnen haben werde.

Nutzt man dieses Wissen, ohne das es also weder Unfallversicherungen noch Rentenversicherungen geben könnte, für realitätsnähere Beschreibungen moderner Lebenslagen, dann gewinnt man im historischen Vergleich ein freundlicheres Bild moderner Lebensverfassung unter Sicherheitsaspekten. Die durchschnittliche Lebenserwartung liegt heute nahezu doppelt so hoch wie noch vor zweihundert Jahren, das heißt zu Beginn des Industriezeitalters. Statistisch gesehen hat dazu bekanntlich insbesondere die drastisch abgesunkene Säuglingssterblichkeit beigetragen. Aber diese beruht ihrerseits auf Lebensvorzügen, an denen wir modernisierungsabhängig heute bis ins hohe Alter hinein partizipieren – gesündere und verläßlicher gewordene Ernährung, angehobene Hygienestandards unserer Wasserversorgung, die hochentwickelten überlebenssichernden medizinischen Leistungen in Notfällen sowie ihre sozialstaatlich gesicherte allgemeine Verfügbarkeit.

Auch die Unfallhäufigkeit hat sich, in realistischer Weise statistisch vermessen, in Abhängigkeit von technischen und organisatorischen Fortschritten erheblich reduziert. Bis ins späte 18. Jahrhundert hinein war in Europa das Problem der Energieversorgung vor allem ein Holzversorgungsproblem, und noch heute weisen die Statistiken der Berufsgenossenschaften aus, daß die Unfallträchtigkeit der Holzarbeit in Relation zu den verfügbar gemachten Energiemengen um das Vielfache höher liegt als die mannigfache Facharbeit, die uns als Konsumenten mit Elektrizität

aus einem ölbetriebenen Kraftwerk versorgt. Gewiß:
Die alljährlichen Unfallberichte der Straßenverkehrs-
ämter erschrecken uns immer wieder, und die trotz ihrer Unzulässigkeit sich ausbreitenden Verkehrsopfer-
marteln an Regionalstraßen schockieren uns gleichfalls. Nichtsdestoweniger hat sich aber ja auch herumgesprochen, daß trotz der zunehmenden Verkehrs-
dichte die Unfallhäufigkeit abgenommen hat. In Relation zu den absolvierten Reisestrecken lagen die Risiken des Postkutschenverkehrs zur Goethe-Zeit tatsächlich ungleich höher als unsere aktuellen Ge-
schäfts- oder Urlaubsausfahrten – mit welchen Ver-
kehrsmitteln auch immer.

Dieses günstige Bild moderner Lebenslagen ließe
sich nach Belieben verdichten – bis hin zu den überall
in modernen Gesellschaften erreichten Standards in
der Sicherung unserer Bürger- und Menschenrechte.
Sogar für die Risiken gewaltsamer politischer Auseinandersetzungen gilt, daß wir heute sicherer leben. Das
mag vor dem Hintergrund politischer Schreckensmel-
dungen, die uns nahezu allwöchentlich aus vielen Teilen der Erde erreichen, weltfremd, ja zynisch klingen.
Die unglaublichen Bilder der zusammenbrechenden
Türme des New Yorker Welthandelszentrums sind
doch unvergessen und die dreitausend Toten dieses
spektakulären Terrorakts desgleichen. Andererseits:
Der Kalte Krieg, mit dem immerhin das Risiko eines
dritten Weltkriegs verbunden gewesen war, ist beendet. Die hochentwickelten Zivilisationen kooperieren
mit friedensfördernder Wirkung in Verbundsystemen
von Staaten und Großorganisationen privaten Rechts,
und die Komplexität moderner technischer und informationeller Infrastrukturen moderner Gesellschaften
verunmöglicht neuerliche Versuche ihrer diktatoria-

len, ja auch nur zentralistischen Organisation und
Steuerung. Die Totalitarismen des 20. Jahrhunderts
haben über einhundert Millionen Menschen das Leben gekostet. Das liegt mit einiger Sicherheit hinter
uns, und der aktuelle Terror verfügt schlechterdings
nicht über Bedrohungspotentiale vergleichbarer Größenordnung, und selbst in den modernen Kriegen, die
den Terror abwehren sollen, wirbt man politisch um
Zustimmung zu diesem Zweck mit Verweis auf erfolgreich begrenzte sogenannte Kollateralschäden.

Gewiß: Für die Hinterbliebenen jener Hunderttau-
senden von Tutsis, die noch kürzlich beim großen in-
nerafrikanischen Völkermord sterben mußten, ist das
kein Trost, und für die Überlebenden von Millionen
Opfern der Volksreinigungsaktion, die noch Mitte der
siebziger Jahre auf den killing fields in Kambodscha
stattfand, ebensowenig. Aber die Menschen in den
modernisierungsabhängig technisch und wirtschaftlich, informationell und politisch rasch zusammen-
wachsenden Weltregionen wissen inzwischen, daß
sich auch sicherheitspolitisch ihre Lage gesamthaft ge-
bessert hat.

Im Resümee heißt das: In wohlbestimmten Hinsichten liegt heute das Sicherheitsniveau unseres individuellen und kollektiven Lebens höher als jemals zuvor. Nichtsdestoweniger nimmt unsere Risikoakzep-
tanz ab, und unser Sicherheitsverlangen intensiviert
sich. Wieso ist das so? Auch insoweit handelt es sich
um eine Modernisierungsfolge. Was aber heißt hier
„Modernisierung?". Die Antwort auf diese Frage hat
viele Aspekte, und ein einziger, hier einschlägiger dieser Aspekte sei wiederholungshalber hervorgehoben:
Je moderner wir leben, um so weiter expandieren zugleich, regional wie sozial, unsere wechselseitigen Ab-

hängigkeiten – technisch und informationell, ökonomisch und organisatorisch. Damit wächst zugleich unsere Angewiesenheit auf die Solidität der Leistungen
sozial entfernter Anderer, und der Umfang der Ansprüche expandiert, für deren Erfüllung wir nicht einfachhin mehr auf Vertrauen setzen können, vielmehr
auf rechtlich sanktioniertes Vertrauen angewiesen
sind. Jedem älteren Patienten ist dieser Wandel der
Dinge aus der Geschichte seiner Arztbesuche vertraut. Es ist nicht mehr, wie früher, der einfache und
unwidersprechliche Expertenrat, der uns eine Therapie nahelegt. Der Rat wird vielmehr ausdrücklich mit
Informationen über Risiken verknüpft, und durch unsere Unterschrift bescheinigen wir, sie erhalten zu haben. Für die verordneten Medikamente gilt mit ihren
unübersehbaren Beipackhinweisen auf nicht aus-
schließbare unangenehme Nebenfolgen Analoges
noch einmal.

Und so in allem: Unsere Ansprüche auf sicherheits-
praktische Verläßlichkeit von Dienstleistungen und
handelbaren Produkten steigen. Der Gesetzgeber verbessert den entsprechenden Rechtsschutz. Die An-
bieter stellen sich darauf ein, machen auch ihre Be-
gleitinformationen verläßlicher und damit tunlichst
zugleich prozeßrisikofreier, und für die Erfüllbarkeit
von Haftungsansprüchen in Fällen, wo Richter dennoch auf Sicherheitsgewährleistungsmängel erkennen,
findet man sich in einem Umfang wie nie zuvor auf
Versicherungsschutz angewiesen.

Wenn Reichweite und Dichte unserer Interaktionen zunehmen, wächst zugleich die Wahrscheinlichkeit, daß wir durch die pure Teilnahme an diesen
Interaktionen moralisch und rechtlich gänzlich ver-
schuldensfrei Andere gefährden. Über seine Teilnah-

me am Straßenverkehr ist das jedem vertraut, und den
Betreibern zahlloser risikoträchtiger Einrichtungen
und Unternehmungen desgleichen – von den Nutzern
notorisch risikobehafteter technischer Anlagen, für
die schon in den Frühstadien industrieller Entwick-
lungen exemplarisch die Dampfkessel standen und für
die heute vorzugsweise Chemie- und Kernkraftwerke
publizistisch herangezogen werden, bis hin zu den An-
bietern technisch bedingter und selbstverständlich sicherheitstechnisch approbierter Risiko-Lustbarkeiten,
unseren Schaustellern nämlich mit ihren Fahrgeschäf-
ten, die uns sonst unzugängliche, sinnlich attraktive
Schwerkraft- und Fliehkrafterfahrungen machen lassen.

Längst hat der Gesetzgeber den Haftpflichtversi-
cherungsschutz, der in den Frühstadien industrieller
Entwicklung nur hier und da angeraten zu sein schien,
über weite Bereiche der technischen Infrastrukturen
moderner Lebensvoraussetzungen zur Pflicht erhoben. Der Staat ist darüber in die Rolle des ordnungs-
politischen Garanten der Erfüllung modernitätsspezifischer Sicherheitsansprüche der Bürger eingerückt.
Die einschlägigen Erwartungen der Bürger an den
Staat expandieren, und sie erheben sich zu verfas-
sungsrechtlichem Rang.

Schon früher, nämlich im 18. Jahrhundert, hatte
der Staat kraft seiner modernen Rolle als Gewährlei-
ster der Sicherheit seiner Bürger diese sogar zum ver-
sicherungspraktischen Selbstschutz gezwungen – so
zuerst im fürsorglichen Paternalismus europäischer
Monarchien. Gewiß: Bevor es solche versicherungs-
praktischen Selbstschutzpflichten gab, hat es an Soli-
darität auch nicht gefehlt, und in der altbäuerlichen
Welt war, wie man weiß, der Ausgleich für Hausbrand-

schäden, förmlich oder kraft Üblichkeit, in vielen Regionen nachbarschaftsrechtlich geregelt. Eben das ist aber in modernen Kommunitäten, in denen sich die Beziehungsverhältnisse ihrer Mitglieder ausweiten, sich zugleich funktional differenzieren und unpersönlich werden, nicht mehr möglich, und es wäre romantisch, dem nachtrauern zu wollen. Steigerung unserer Wohlfahrt und deren verläßlichere Sicherheit sind der Gewinn aus der progressiven Verrechtlichung unserer differenziert und indirekt gewordenen wechselseitigen Abhängigkeiten, und auch für die sozialstaatlichen Aspekte der Sache gilt das.

Noch einmal also: Modern zu leben bedeutet, mit Wohlfahrtsgewinnen fortschreitend abhängiger von der Solidität und Verläßlichkeit der Hervorbringungen der Tätigkeit Anderer zu werden – technisch und organisatorisch, informationell und politisch. Zugleich nimmt über diesen Modernisierungsprozeß die Eingriffstiefe und die wirtschaftliche, soziale und naturale Größenordnung der Wirkungen unseres Handelns zu. Die sich dabei intensivierende Erfahrung wechselseitiger Abhängigkeiten setzt sich mit steigendem Lebensniveau in ihrerseits ansteigende Gewährleistungsansprüche um, und so erklärt sich das scheinbare Paradox, daß subjektiv unsere Risikoempfindlichkeit bei objektiv ansteigendem Sicherheitsniveau zunimmt. Man erkennt: Die sogenannte Risikogesellschaft ist nicht eine Gesellschaft, in der wir häufiger als früher Gefahren zum Opfer fielen. Sie ist vielmehr die Gesellschaft, in der wir mit einem Aufwand wie nie zuvor und durchaus erfolgreich uns Sicherheit zu verschaffen suchen – das freilich aus gutem Grund.

Einige weitere spezielle Gründe für unser modernisierungsabhängig ansteigendes Risikobewußtsein gibt

es freilich auch noch. Einer der wichtigsten dieser
Gründe dürfte der Erinnerungsschwund sein, der sich
gleichfalls modernisierungsabhängig ausbreitet. Moderne Gesellschaften sind dynamische Gesellschaften,
und über diese Dynamik der Änderung unserer Lebensverhältnisse werden Kenntnis und Verständnis
früherer Lebensverhältnisse schwächer. Wir wissen
schließlich nicht mehr, was es vor der Erfindung der
Sulfonamide, das heißt noch vor weniger als achtzig
Jahren bedeutete, im fortgeschrittenen Alter an einer
Lungenentzündung zu erkranken. Die schwindsuchts-
trächtige Winterdauerkälte in ungeheizten Schlafräu-
men alter ländlicher Wohnungen ist bestenfalls blasses
Schulbuchwissen, und die durch Kartoffelfäule ausge-
lösten Hungerkatastrophen noch im beginnenden In-
dustriezeitalter desgleichen. Nicht, daß wir zu Besorg-
nissen und Klagen aktuell gar keinen Anlaß hätten.
Aber wir neigen zu Ungerechtigkeiten im Urteil über
den historischen Stellenwert unserer Besorgnis- und
Klagegründe, und die gegensteuernden Wirkungen der
exzellenten Erinnerungsleistungen unserer Historiker
bleiben aus prinzipiellen Gründen stets hinter unserem modernitätsabhängig anwachsenden Erinnerungsbedarf zurück.

Ein weiterer Grund moderner Ungewißheit, die
uns sicherheitsempfindlich macht, verhält sich zum
modernitätsspezifischen Vergangenheitsunverständ-
nis genau komplementär, nämlich das Faktum, daß
unsere Zukunftsvoraussicht ihrerseits mit der Dynamik der Evolution unserer Lebensverhältnisse ab-
nimmt. Modernitätsabhängig wächst die Nähe des
Unbekannten in der Dimension der Zeit, und die Nähe des Unbekannten macht angstbereit. So erklärt sich
die Konjunktur der Unheilsprognosen – von den lite-

rarischen Schreckensutopien bis hin zu den verfilmten
Endzeitkatastrophen aus der Hollywood-Produktion.
Empirische Validität hat das alles nicht. Aber in Zeit-
räume, die uns schlechterdings unbekannt sind, kann
man Beliebiges projizieren, und unsere Befindlichkeit
kraft objektiv abnehmender Zukunftsvoraussicht
macht die aktuelle Neigung zu apokalyptischen Visio-
nen plausibel.

Besorgniserregend ist auch das nicht. Die erwähnten Hollywood-Produkte versetzen uns ja im Regelfall
nicht in Panik. Sie fungieren vielmehr als Unterhal-
tungsstoff. Soweit uns die moderne Zukunftsunge-
wißheit nicht lähmt, wirkt sie sich sogar produktiv aus.
Sie schärft den Sinn für Trends, die bereits gegenwärtig Gegensteuerungen nötig machen, wenn sie nicht
katastrophal enden sollen – von den rentenversiche-
rungspraktischen Konsequenzen der demographisch
erwiesenen Alterung unserer Gesellschaft bis hin zu
den Fälligkeiten vorsorglicher Erschließung der Quel-
len derjenigen zusätzlichen Energie, auf die wir zur Sicherung sogar noch der ökologischen Erhaltungsbe-
dingungen moderner Industriegesellschaften angewiesen sein werden. Bedrohlichkeiten, die wir wirklich
kennen und die uns spürbar nahe rücken, stimulieren
ja unsere Handlungskraft.

Aber zum Realismus, der uns handlungsfähig hält,
gehört auch die Einsicht fortdauernder Zugehörigkeit
unbekannter Risiken zu unserer individuellen und kollektiven Lebensverbringung. Der kognitive Gehalt
dieser Erfahrung ist trivial. Aber er hat zugleich fundamentale Bedeutung, und entsprechend gibt es keine
Kultur, in der wir nicht lernten, uns darauf einzustel-
len. In letzter Instanz ist es stets Religion, die uns auch
dazu verhilft. Aber sogar spielerisch werden wir dazu

ermuntert anzuerkennen, daß wir zu unserem Glück
tun sollen, was wir können, und daß zugleich unsere
Könnerschaften begrenzt, ja ihrerseits unverfügbar
und der Intervention unberechenbarer Umstände ausgesetzt sind. „Industrie und Glück" – so lautet das
Motto eines in den Nachfolgestaaten der k.u.k. Monarchie bis heute verbreiteten Kartenspiels. „Industrie"
– das ist dabei, vormodern, der Gewerbefleiß, und
dann, seit dem 19. Jahrhundert, der Name für die technischen, organisatorischen und rechtlichen, auch ver-
sicherungsrechtlichen Voraussetzungen unternehme-
rischer Betätigung dieser Bürgertugend. Glück hingegen – das ist nicht nur das Glück, das uns in glückli-
chen Fällen in der Konsequenz der Betätigung unserer
Könnerschaften und Tugenden tatsächlich zufällt.
Glück ist eben auch Fortuna mit dem prinzipiell unberechenbaren Lauf ihrer Kugel, und eine Unternehmung, deren Verlauf und Ausgang entweder gänzlich
zufallsfrei oder doch wenigstens versicherungsprak-
tisch gänzlich risikofrei gemacht und somit einzig von
unseren Dispositionsmöglichkeiten und Kompetenzen abhängig wäre, gibt es nicht.

4 Die andere Seite der Globalisierung exemplarisch: repolitisierte Religion als Konfliktverschärfer

4.1 Samuel Huntingtons Welt: starke Religionen, schwaches Weltethos

„Dass es mit der Religion wieder ernst wird", so schrieb vor mehr als drei Jahrzehnten Arnold Gehlen, „würde man ... am Aufbrechen religiös bestimmter kampfbereiter Fronten bemerken." Der zitierte Satz hat keine religionsfreundliche Anmutungsqualität. Um so eindrucksvoller wirkt sein prognostischer Realismus. Der Kalte Kieg ist zu Ende. Statt dessen haben weltpolitisch religionskulturell mitbestimmte Gegensätze an Schärfe gewonnen. Als Protokollant dieses Vorgangs ist wie kein anderer Samuel P. Huntington hervorgetreten. Sein Bestseller „The Clash of Civilizations" erschien zuerst 1996 und in deutscher Sprache bereits ein Jahr später in dritter Auflage. Der Sensation, die das Buch machte, entsprach die Intensität des Widerspruchs, der sich dagegen erhob – zumal in Europa. Das Buch werde „zu ernst genommen", fand resümierend Pierre Hassner vom Pariser Centre d'Etude des Relations Internationales, und im Titel des in Wien erschienenen Hassnerschen Besprechungsaufsatzes hieß es sogar, Huntingtons These sei „mora-

lisch fragwürdig, politisch gefährlich". Wahr ist, daß
man mit „Huntingtons Kulturkampfbrille" auf der
Nase Konflikte gern übersieht, bei denen religiöse
Faktoren gar keine oder nur eine marginale Rolle spielen – die residualen und nichtsdestoweniger sehr be-
drohlichen Spannungen an den Grenzen alt-totalitärer
Regime wie Nord-Korea zum Beispiel, politisierte
Selbstbestimmungsansprüche von Ethnien ohne reli-
gionskulturelle Separationsabsichten wie bei den Kur-
den oder auch den Terror spät-maoistischer Revoluti-
onäre in Nepal, ferner die zu partieller Territorialherr-
schaft gelangte Macht von Verbrechersyndikaten in
Kolumbien, der Völkermord im Konflikt zwischen
den Hutu und den Tutsi etc. Andererseits liegt auf der
Hand, daß die jüngsten Balkankriege ihren Ausgang
von religionskulturell mitgeprägten Siedlungs- und
Körperschaftsgrenzen genommen haben. Hassners
Hinweis, daß doch die Balkankrise zu einem „weltwei-
ten Kampf der Kulturen" keineswegs eskaliert sei, ist
keine durchschlagende Widerlegung Huntingtons.

So oder so: Bücher werden nützlich, wenn man sie
von ihrer starken Seite nimmt, und stark ist Huntingtons These, wenn man sie trivialisiert, das heißt ohne
politiktheoretische und geschichtsphilosophische Ansprüche schlicht als Beschreibung nutzt, ohne sich dabei zu Übertreibungen oder gar zu theoretischen Ver-
absolutierungen verleiten zu lassen. Alsdann wird evident: Nach dem Ende des Kalten Krieges sind abermals Religionen weltweit als ein Faktor politischer
Auseinandersetzungen auffällig geworden, und zwar
vor allem, statt als Friedensmächte, als konfliktver-
schärfende Kräfte.

Man darf vermuten, daß gerade darauf die in Europa verbreitete Abwehr der Huntingtonschen These

beruht. Sie verletzt gemeine Überzeugtheiten, daß in der modernen Welt mit ihren nationalen und ideologischen, wirtschaftlichen und sozialen Konflikten religiöse Orientierungen verbindend und ausgleichend wirken sollten. Gewiß: Ausgerechnet Jerusalem ist seit der Gründung des Staates Israel wie kein anderer Platz zum Symbolort nationalreligiös mitgeprägter politischer Auseinandersetzungen einschließlich großer und sogar weltpolitisch gefährlicher bewaffneter Konflikte geworden. Um so näher liegt es, demgegenüber als friedensstiftende Gegenmacht ein „Weltethos" zu beschwören, das aus der Erinnerung an jene universell gültigen Gehalte der Sittlichkeit lebt, die allen drei monotheistischen Weltreligionen gemeinsam sind. Aus der „Weltethos"-Perspektive erscheint Huntingtons Analyse als defizitär. Einerseits wird mit Respekt quittiert, „dass mit Huntington endlich ein prominenter Politologe auftritt", der „die Realität der Religionen für Weltpolitik und Weltfrieden" ernst nimmt. Auf der anderen Seite bleibe zu dementieren, daß „ein Kampf der Kulturen und Religionen unvermeidlich" sei. Es sei „Fatalismus", von dieser Unvermeidlichkeit auszugehen. Wer daran sich orientiere, liefere nur „das vielleicht von manchen Militärstrategen benötigte neue Angstmodell" sowie den Vertretern „der Rüstungsindustrie glänzende Argumente". Im naheliegenden Resultat besagt das: „Nicht der Kampf der Kulturen, sondern die Kooperation der Kulturen ist das Modell für die Zukunft". Nach den Worten des Vizepräsidenten der schon 1995 errichteten „Stiftung Weltethos" heißt das: „Sollte die Analyse von Samuel Huntington auch nur partiell stimmen, so ist daraus zumindest die eine Folgerung zu ziehen, dass Menschen in den Nationen, Völkern, Kulturen und Religionen sich stärker

als früher übergreifender Werte, Ideale und Grund-
haltungen bewusst werden müssen.“

Diese Mahnung an die Adresse Verfeindeter ist unwidersprechlich, ja zustimmungspflichtig. Politisch
hat man sich allerdings zugleich zu erinnern, daß die
Vergegenwärtigung der Fülle dessen, was verfeindete
Kommunitäten unterschiedlicher konfessioneller oder
religiöser Prägung kraft der Verwandtschaft ihrer
Glaubensüberzeugungen gemeinsam haben, keineswegs eo ipso friedensförderlich ist. Das genaue Gegenteil kann der Fall sein. Mit dem Grad der Ver-
wandtschaftsnähe nimmt die Auffälligkeit dessen, wo-
rin man nicht übereinstimmt, bis hin zur Unerträglichkeit zu. Die Feindschaft im Verhältnis zum dissiden-
ten Bruder ist böser als der Konflikt zwischen Fremden, die über den Konfliktanlaß hinaus nichts miteinander verbindet. Das ist uns aus der Geschichte der
europäischen Konfessionskriege vertraut und aus der
Ideologiegeschichte der totalitären Regime desgleichen. Nicht das ganz Andere, sondern das Abweich-
lertum ist bedrohlich. Säuberungsaktionen gelten insoweit nicht Exoten, vielmehr den Abweichlern, Frak-
tionisten und Renegaten, den Überläufern, Verrätern
gar, die sich aus den eigenen Reihen entfernen. Auf
Dauer prekär bleibt stets das Verhältnis zu allen, die
man, weil man sich ihnen nahe weiß, beharrlich, aber
erfolglos einlädt, sich doch endlich der eigenen Ge-
meinschaft anzuschließen und Einheit im wahren
Glauben herzustellen. „Wir haben doch (seinerzeit)
dem Mose die Schrift gegeben und nach ihm die (weiteren) Gesandten folgen lassen. Und wir haben Jesus,
dem Sohn der Maria, die klaren Beweise gegeben und
ihn mit dem heiligen Geist gestärkt. Aber waret ihr
(Juden) denn nicht jedesmal, wenn ein Gesandter

euch etwas überbrachte, was nicht nach eurem Sinn war, hochmütig und erklärtet ihn für lügnerisch oder brachtet ihn um?" – So lautet die Klage über die Verstocktheit gemeinschaftsverweigernder Verwandter, die die Sure 2 des Korans durchzieht.

In der Tat: Es sind die „Kinder des biblischen Stammvaters Abraham", denen der Friede mißlingt, den doch gerade sie, wie man meinen möchte, der sie verbindenden Gemeinsamkeiten wegen halten sollten. Die Frage ist also, ob just die Erinnerung an Verbindlichkeiten aus gemeinsamer Erzväterabkunft geeignet sei, aus Kriegsparteien endlich friedlich Geeinte zu machen. Noch einmal: Für die Annahme, das Gegenteil könnte der Fall sein, gibt es starke Gründe. Das traurige Ereignis, daß ausgerechnet in Hebron, also am Ort des Patriarchengrabes, ein aus den USA nach Israel übersiedelter orthodoxer Jude mit seinem Maschinengewehr wirkungsvoll in die Menge betender Moslems feuerte, will dazu passen. Friedenspolitisch bedeutet das: Der Friede zwischen den Religionen wird sich, statt auf kulturell revitalisierte Gemeinsamkeiten aus prächismatischen Überlieferungen, auf institutionell kompatibel gemachte Interessen stützen müssen, die in der Divergenz ihrer jeweiligen religiösen Legitimität als wechselseitig unbeachtlich anerkannt sind. Huntingtons Beschreibungen aktuell sich verschärfender, religionspolitisch aufgeladener Konflikte mögen, wie die europäische Kritik herausgestellt hat, übertrieben, einseitig oder auch für Zwecke pragmatischer politischer Validierung unzulänglich sein. Aber sie fördern den politischen Realismus, der mit Blick auf aktuell wichtige weltpolitische Konflikte die beteiligten Religionen, statt als das Medium ihrer Hegung, als das hegungsbedürftige Problem erkennt.

4.2 Kulturgrenzen als politische Bruchlinien

Banalerweise sind nicht alle weltpolitischen Konflikte religiös motiviert, und überdies sind die Fälle nicht selten, in denen religiöse Bewegtheiten strategisch zur Kräftemobilisierung in Auseinandersetzungen genutzt werden, die in ihrem harten Kern höchst irdischer Natur sind – von der Verfügung über Öl-Ressourcen bis zur Sicherung unteilbarer nationaler Einheit durch Unterdrückung selbstbestimmungsgeneigter Minderheiten. Aber selbst in solchen Fällen gilt doch, daß die Nutzung religiöser Motive bei der Verfolgung ganz anderer Zwecke voraussetzt, daß die Religionen noch oder auch wieder als politisierbare kulturelle Faktoren wirksam sind. In dieser Charakteristik ist dann die These, religiös mitgeprägte Kulturgrenzen träten heute weltpolitisch als Konfliktzonen hervor, geradezu trivial. Nimmt man sie in dieser Trivialität, so gewinnen Huntingtons Deskriptionen bezwingende Evidenz. Dabei ist es zur Verschaffung von Anschauung nicht einmal nötig, auf Huntingtons Buch zu rekurrieren. Jedem Leser zeitgeschichtlicher Literatur, ja jedem aufmerksamen Medienkonsumenten sind doch die Vorgänge und Ereignisse präsent, die ohne Berücksichtigung religionskultureller Umstände ersichtlich unvollständig beschrieben wären, wie auch immer das faktorielle Gewicht dieser Umstände einzuschätzen sein mag.

Dabei sollte man auch jene Vorgänge weltpolitisch bedeutsamer Verhärtung und Schärfung religionskulturell mitgeprägter Grenzen nicht übersehen, bei deren Beschreibung sich das Wort „clash" gar nicht aufdrängt. Für den Zerfall der Sowjetunion gilt das – jedenfalls überwiegend. Die Herausbildung neuer ter-

ritorialer Großstaaten, so scheint es, steht nicht auf
der weltpolitischen Tagesordnung, und auch die Europäische Union, die seit den Verträgen von Maastricht
und Amsterdam die Europäischen Gemeinschaften
überwölbt, ohne bereits als supranationale Körperschaft existent zu sein, wird nicht ein neuer „Super-
staat" werden. Pluralisierung prägt die aktuelle Entwicklung der Staatenwelt – von binnenstaatlichen Fö-
deralisierungsprozessen bis hin zu den partiell noch
konsolidierungsbedürftigen Staatsneubildungen im
Zerfall der alten Kolonialimperien. Die Großherrschaftsräume der Doppelmonarchie und des Osmanischen Reiches haben sich, sanktioniert durch die Pariser Vorortverträge, wie schon dargestellt, aufgelöst,
und im Falle der Sowjetunion bedurfte es nicht einmal
einer Kriegsniederlage, um separatistische Staatsneubildungen großen Umfangs auszulösen. Die Inkompa-
tibilität von Sozialismus und zivilisatorischer Modernität und damit der Legitimitätsverlust der herrschenden marxistisch-leninistischen Ideologie genügte in
diesem Fall, die Auflösung der souveränen Union in
eine Vielzahl ihrerseits souveräner Klein- und Mittel-
staaten unaufhaltsam zu machen. Ersichtlich folgen
die Bruchlinien der Separationsprozesse, über denen
sich in diesem weltgeschichtlichen Vorgang die Grenzen neuer Staaten bildeten, überwiegend den Grenz-
verläufen religiös mitgeprägter Kulturen – also der
Orthodoxie gegen den Katholizismus im litauischen
Fall, gegen das Luthertum bei den anderen baltischen
Staaten und dann und vor allem gegen die Welt des Islams im westlichen Zentralasien.
    Der Einwand liegt nahe, daß hier nicht Religions-
kulturen, vielmehr Ethnien sich staatlich voneinander
getrennt haben, und das überdies in bedauerlicher

neonationalistischer Orientierung. Aber dieser Ein-
wand operiert mit einer falschen Alternative. In der
Tat muß man ethnische, auch nationale Selbstidentifikationen einerseits und religiöse Zusammengehörig-
keitserfahrungen andererseits unterscheiden. Aber
man kann sie nicht trennen. Die Religion kann als ein
besonders wirksames Element nationaler Orientierungen wirksam sein – wie zum Beispiel nach Maßgaben
weit zurückreichender historisch-politischer Traditionen während des Kalten Krieges in Polen. Für das bal-
tische Luthertum gilt das in dieser markanten Ausprägung nicht. Gleichwohl: Auch hier gehört die Konfes-
sion zu den Faktoren der Nationalkultur, und im Anblick der wohlrestaurierten Kirchenbauten von nationaler architektonischer Repräsentanz zu Riga oder
Dorpat wird das heute jedem Touristen unübersehbar.

Gesamthaft verlief der Zerfall der Sowjetunion,
über den sich alte Kulturgrenzen neu als Staatsgrenzen
institutionalisierten, überraschend friedlich. Nie zuvor
veränderten sich Verläufe von Souveränitätsgrenzen
in dieser Ausdehnung und Weite ohne vorausgehende
Entscheidungen kraft bewaffneter Auseinandersetzungen. Die Frage, how to build a nation, stellte sich
von Riga über Kiew und Baku bis nach Bischkek dut-
zendfach, und überall vergegenwärtigte man sich neu
die zumal aus dem europäischen 19. Jahrhundert
wohlbekannte Elemente dessen, worauf sich mit gren-
zenbekräftigender Wirkung der politische Selbstbestimmungswille von Nationen zu beziehen pflegt –
von der Mythologie bis zu den Gehalten historiogra-
phisch positivierbarer kollektiver Erinnerung und von
der Folklore bis zu den universalisierbaren Gehalten
der eigenen Hochkultur. Im September 1996 be-
schwor man so in Samarkand Amir Timurs „Bedeu-

tung für Usbekistan auf dem Wege der nationalen
Selbstfindung". Die sich anbietende Aufführung von
Händels „Tamerlan" ließ sich wie eine Nationaloper
zelebrieren, und selbstverständlich wurde, aus usbeki-
scher wie aus europäischer Sicht, auch das aktuell sich
verschärfende Problem erörtert, wie religiöse Lebensordnungen einerseits und politisches System andererseits friedenserhaltend und friedensfördernd sich
rechtlich einander zuordnen lassen.

Was hier gelang, nämlich völkerrechtlich sanktionierter Separatismus in nationalemanzipatorischer
Absicht, scheiterte bekanntlich in anderen Fällen. Das
Begehren Tatarstans, sich durch Austritt aus der Russischen Föderation als ein überwiegend sunnitisch ge-
prägtes Gemeinwesen inmitten Rußlands als souveräner Staat zu konstituieren, wurde vom neu etablierten
Verfassungsgericht der Föderation abgewiesen. Der
Rekurs der Vertreter Tatarstans auf die alte Sowjetverfassung, die ja den Mitgliedern der Union ein Aus-
trittsrecht explizit eingeräumt hatte, wurde mit dem
naheliegenden Argument quittiert, die fragliche Sowjetverfassung gelte ja inzwischen nicht mehr. Der
Konflikt, der im Falle Tatarstans juridisch sich beile-
gen ließ, entwickelte sich im Falle Tschetscheniens zur
Katastrophe, und die Fälle sind zahlreich, in denen
Versuche, Staatsseparationen gewaltsam durchzusetzen oder zu verhindern, sich zugleich als Religions-
konflikte manifestierten.

4.3 Symbolischer Vandalismus religions- politisch

Vandalismen sind eine altvertraute Praxis, Herr- schaftsablösung symbolisch manifest zu machen. Im unüberbietbaren Extremfall richtet sich diese Praxis wider das Allerheiligste der jeweils falschen oder wi- dersetzlichen Religion in der Absicht, auf der von den Trümmern der untergegangenen alten Heiligtümer freigeräumten Stätte neue Heilszeichen zu errichten. Die Geschichte des Tempelbergs zu Jerusalem lehrt es. Die Bolschewisten demonstrierten ihre postreligiö- se Aufgeklärtheit, indem sie bereits in den ersten fünf- zehn Jahren ihrer Diktatur vier Fünftel der Moskauer Kirchen aufhoben, und Stalin ließ das größte Gottes- haus der Hauptstadt sprengen, um an seiner Stelle ei- nen über vierhundert Meter hohen, stadtbeherrschen- den Sowjetpalast zu errichten, den eine hundertmeter- hohe Statue des Menschheitsführers Lenin krönen sollte. Das blieb Utopie. Die Menschheitsreinigungs- praxis nationalsozialistischer Revolution begann mit dem reichsflächendeckenden Terror gegen jüdische Sachen und Personen durch Niederbrennung der Syn- agogen, und der Sinn dieser Aktion war von bezwin- gender ideologischer Evidenz: Dem Anspruch des Ju- dentums, eine Religionsgemeinschaft zu sein, sollte tä- tig widersprochen werden. Von nun an hatte man es nur noch mit der „jüdischen Rasse" zu tun. Das Urteil über die Religion des zum Paulus gewordenen Juden Saulus „und das von ihm vertretene Christentum", welches, wie Hitler 1944 erklärte, „nichts anderes als Kommunismus" sei, war damit implizit auch schon gesprochen, wenn auch die Verkündigung dieses Ur- teils zunächst noch aufgeschoben blieb und der Bildersturm gegen Christliches, der sich hier und da schon erhoben hatte, für die Zeit nach dem Siegfrieden vertagt. Der umfassende, eben totalitäre Geltungsanspruch der Groß-Ideologien des 20. Jahrhunderts war mit der effektiven kulturellen und politischen Präsenz von Religion unverträglich. Die totalitären Ideologien hatten den Status von Anti-Religionen, und so sollte man sie deswegen auch nennen – nicht „Politische Religionen". Heute haben wir es demgegenüber, statt mit Ideologien, die die Religionen wegen der endlich zustande gebrachten Bedingungen ihrer Überflüssigkeit abschaffen wollten, mit politischen Auseinandersetzungen zu tun, bei denen die Kräfte auf beiden Seiten der Konfliktlinien religiös formiert oder zumindest religionskulturell mitgeprägt sind. Nicht Nicht-Religion setzt sich an die Stelle von Religion, vielmehr Religion an die Stelle einer anderen Religion. Genau darum handelte es sich, als in symbolisch gezielter Aggression die serbische Artillerie bei ihren Überfällen auf Sarajevo auch die Gazi-Husrev-Beg-Moschee aus dem frühen 16. Jahrhundert, einer der „größten und prächtigsten Moscheen auf dem Balkan", zertrümmerte. Selbstverständlich wäre sie als Moschee nicht wieder aufgebaut worden, wenn der diktatorial regierende serbische Präsident Milošević sein Kriegsziel der Eroberung „Bosniens und der Herzegowina, Slawoniens und Dalmatiens" sowie der „Reduzierung Kroatiens auf ein ,Nordkroatien' wie gegen Ende des 16. Jahrhunderts" erreicht hätte. Von analogem, mit militärischen Mitteln manifest gemachtem Sinn war auch der orthodox verfügte und artilleristisch exekutierte Untergang des barocken, nämlich katholischen Vukovar im östlichen Kroatien. Auf die Vorhaltung, diese Zer-

störung sei doch ein barbarischer Akt, wurde mit dem
religionskulturpolitisch ambitionierten Versprechen
erwidert, Vukovar werde schöner als zuvor, nämlich
im byzantinischen Stil neu erstehen.

Die Reihe dieser durchaus modernen, nämlich
nach-totalitären symbolischen religionspolitischen
Akte ließe sich fortsetzen. Diese Akte sind modern in
ihrer Passung zur modernen Medienwelt. Von umge-
stürzten Minaretts und eingestürzten Barockkirchen
hört und liest man nicht nur. Sie sind auf Bildschirmen
allgegenwärtig, und das verstärkt bedeutend den Ein-
druck, den die gemeinte Botschaft bei uns hinterläßt –
mit Wirkungen intensivierter Gefühle des Triumphes
oder der Erbitterung auf den beiden Seiten der Fronten.

Auf den Balkankrieg ist noch zurückzukommen.
Selbstverständlich lassen sich in einer Gegenwart
weltweit repolitisierter religiöser Differenzen auch
von analogen Vorgängen ohne Beteiligung christlich
geprägter und motivierter Kämpfe berichten. Am 6.
Dezember 1992 erstürmte der Mob in Ayodhya im in-
dischen Staat Uttar Pradesh die halbtausendjährige
Babar-Moschee und benötigte nur einige Stunden, um
sie in einen Steinhaufen zu verwandeln. Im politischen
Aspekt der Sache ließ sich der Vorgang wahlkampf-
strategisch nutzen. Da in Indien die Rechte und Freiheiten einer Demokratie Geltung haben, war die Fälligkeit der Wiedergutmachung der gesetzwidrigen religiösen Untat unbestreitbar. Der Wiederaufbau der
zerstörten Moschee hätte freilich seinerseits den Konflikt noch einmal aufheizen müssen. Zweitausend Tote hatten die Unruhen ohnehin schon gekostet. Da erwies sich der archäologische Bericht einer Sachver-
ständigenkommission für die Beruhigung der hindui-

stischen Bevölkerungsmehrheit als hilfreich. Die Kommission befand, unter den Trümmern der ruinierten Moschee hätten sich weitere Tempelreste gefunden – die eines Shiva-Tempels nämlich. Entsprechend hatte man dem Befund der sachverständigen religionspolitischen Archäologen die Maßgabe zu entnehmen, daß der Moscheenplatz für den Neubau eines Heiligtums den Hindus zustehe. – Es handelt sich hier um ein Detail aus einem fortdauernden, religiös aufgeladenen Konflikt, in den immerhin zwei Großstaaten, nämlich Indien und Pakistan, mit ihren jeweiligen Betroffenheiten verwickelt sind. Zum Hintergrund dieses Konflikts gehören überdies die ungelösten territorialen Streitfragen Kashmir betreffend, und der Friede, der zum Glück derzeit hält, ist der Friede des Nicht-Kriegs unter der Drohung der Atombomben, über die beide Nachbarn verfügen.

Auch der Buddhismus wurde zum Objekt einer symbolisch bedeutsamen religionspolitischen Aggression. Weltweit wurden die Medienkonsumenten Zeitzeugen der Beseitigung einer Buddha-Großstatue mittels Dynamit in Afghanistan durch die Taliban. Zahlreiche Kommentatoren qualifizierten den Akt als „barbarisch". Aber das war ein Mißverständnis. Nicht „Vandalen" hatten sich hier doch betätigt, vielmehr Studenten als jugendlich-gläubige Fundamentalisten einer Religion des strikten Bilderverbots. Was es damit auf sich hat, ist uns mit seinen die kulturelle Lebenswelt verändernden Folgen ja auch aus der christlichen Kirchengeschichte vertraut.

4.4 Säkularismus: Medium politischer Depotenzierung der Religionen?

Man muß sich zur angemessenen politischen Einschätzung des afghanischen Bildersturms erinnern, daß die Täter, nämlich die Taliban, nach dem 1979er Einmarsch der Roten Armee in Afghanistan sich als Widerständler gegen die sowjetische Besatzungsmacht verdient gemacht hatten. Entsprechend wurden sie damals von der beunruhigten USA als substaatliche Verbündete betrachtet und mit Waffen und sonstigen Hilfsmitteln versorgt. So gebot es die Logik des Kalten Krieges, und zwar in einer Phase absinkender Temperaturen. Gegen innerwestliche Widerstände nahm seinerzeit Präsident Reagan die Herausforderungen des Kalten Krieges an und gewann ihn. Die erwähnten Taliban boten in Afghanistan, wie bekannt war, später auch der Terrororganisation Al Khaida unter Bin Laden Aufenthalt und Schutz. Nichtsdestoweniger war der erfolgreiche Terroranschlag vom 11. September 2001 nicht Sache der Taliban. Zu der von der USA ultimativ verlangten Auslieferung der Führungskader von Al Khaida waren sie aber als Glaubensgenossen der international operierenden Terroristen nicht bereit. Entsprechend wurde mit dem alsdann unvermeidbaren Afghanistan-Krieg ihre Glaubensdiktatur beendet, ohne daß es aber den Amerikanern gelungen wäre, des Groß-Terroristen habhaft zu werden.

Der Anti-Terrorismus ist damit zu einem der wichtigsten Gehalte aktueller Weltpolitik geworden, und dieser Anti-Terrorismus ist selbstverständlich nicht religiös motiviert. Seine Hauptmotive sind vielmehr unabweisbar herausgeforderte Sicherheitsinteressen,

deren Gewährleistung harten politischen Realismus
verlangt – das aber in Konfrontation mit einem neuen
Feind, der über erhebliche technische, organisatorische und wirtschaftliche Mittel verfügt im schriftge-
mäß nach heiliger Weisung ausgerufenen Gotteskrieg
gegen „die schlimmste Zivilisation", „die die Geschichte der Menschheit gesehen hat". Von einem
durchschlagenden Erfolg der Politik des Anti-Terrorismus kann ersichtlich noch keine Rede sein. Aber
das ist nicht deswegen so, weil es den handlungsfähigen und handlungsbereiten Mächten im Kampf gegen
den Terror an einem Realismus fehlte, der anderswo,
zum Beispiel im kontinentalen „alten Europa", bereits
verfügbar wäre. Es ist vielmehr deswegen so, weil international das Verständnis für die Ursachen der aktuellen Repolitisierung religiöser Motive noch unzurei-
chend ist und die strategischen Konzepte zweckmäßi-
gen sicherheitspolitischen Umgangs mit dem fraglichen Phänomen noch unzulänglich.

Mit der Erinnerung an Fakten, die die These stützen, daß religiös formierte Kräfte weltpolitische Fronten eröffnet haben, ließe sich lange fortfahren – von
den innerislamischen Konflikten zwischen Sunniten
und Schiiten, die im langen und blutigen Krieg zwischen dem Iran und dem Irak scharf geworden sind
und heute die Besatzungspolitik der Sieger des zweiten
Irak-Krieges belasten, bis hin zu den ungelösten Problemen der Zukunftsfähigkeit des türkischen Laizismus unter den Herausforderungen des Islamismus,
ganz abgesehen vom irreversibel gewordenen und immer wieder einmal im Märtyrer-Terrorismus sich manifestierenden Willen fundamentalistisch orientierter
Palästinenser, sich politisch als Staatsnation zu konstituieren. Aufklärungstraditionalisten, die den Prozeß

kultureller und politischer Modernisierung als einen
Vorgang des Rückzugs der Religion aus dem öffentlichen Leben wahrnehmen, neigen entsprechend dazu,
die neue weltpolitische Präsenz der Religion für einen
Effekt von Modernisierungswiderständen zu halten,
die kurz vor ihrem absehbaren Zusammenbruch noch
einmal heftiger werden. Im Endeffekt hätten wir somit den Frieden einer vollsäkularisierten Welt zu erwarten. Das religionspolitische Konzept zur Beförde-
rung und Stabilisierung dieses Zustands wäre dann
Purgierung des öffentlichen Lebens von den streitaus-
lösenden Manifestationen religiöser Kultur und deren
Hegung in den Räumen der Innerlichkeit und privati-
sierter Kommunitäten.

Die Herkunftsgeschichte dieser Erwartung, in der
das Konzept der Modernisierung mit Säkularisierung
verknüpft wird, bedarf hier keiner Vergegenwärtigung. In der Tat läßt sich nicht leugnen, daß in vielen
Regionen Europas der Säkularisierungsprozeß, also
der Rückzug der Religion aus den Räumen der kulturellen und politischen Öffentlichkeit, weit fortgeschritten ist. Die Resultate der Vermessung, zum Beispiel, der Zugehörigkeit der Bürger zu rechtlich verfaßten und anerkannten Religionsgemeinschaften, vor
allem der Kirchen also, machen das anschaulich. Die
Zahl der Länder nimmt zu, in denen die Kirchenzuge-
hörigkeit der Bürger bereits auf einen Anteil von weniger als die Hälfte abgesunken ist – so in den Niederlanden, in der Tschechischen Republik, auch in baltischen Ländern. Die altvertraute Realität der sogenannten Volkskirche zeigt also Auflösungserschei-
nungen. Den nach diesem Kriterium höchsten Säkula-
risierungsgrad haben in Europa die neuen deutschen
Bundesländer auf dem Territorium der untergegan-

genen DDR zu verzeichnen. Hier bekennen sich gerade noch zwanzig Prozent der Landesbewohner mit-
gliedschaftlich zu den Kirchen, und dort, von wo einst
die Reformation ihren Ausgang nahm, nämlich im
heutigen Land Sachsen-Anhalt, sind es lediglich sech-
zehn Prozent.

In anderen europäischen Ländern hätte man freilich andere Vermessungsergebnisse zu erwarten – in
Irland natürlich oder auch in Griechenland. Dazu
scheint zu passen, daß die beiden zuletzt genannten
Länder im Eingang ihrer Verfassungen über die in Europa auch sonst noch hier und da vorkommende einfache Invocatio Dei hinaus sogar die Trinität anrufen
und damit implizit von Verfassungs wegen die heute
gern beschworene Einheit der drei großen monotheistischen Religionen dementieren. Wir haben es hier
mit innereuropäischen Unterschieden nationalkultu-
reller Ausprägung verbliebener öffentlicher Präsenz
des Christentums zu tun, und diese Unterschiede lassen sich erklären. Die historische Erklärung ist der dafür benötigte Erklärungsmodus. Es kommt auf solche
Erklärungen hier nicht an und auch nicht auf die Beschreibung von Säkularisierungsprozessen unter Inanspruchnahme anderer Kriterien – von der Rückläufig-
keit des Anteils der Kirchenmitglieder, die sich mit einiger Regelmäßigkeit als Gottesdienstbesucher einfin-
den, bis hin zu der nicht zuletzt bei vielen Politikern
verbreiteten Neigung, Religiosität auf Moralität zu reduzieren und die Kirchen als Institutionen der Wäch-
terschaft über moralische Geltungsansprüche in Anspruch zu nehmen.

Auch bei dieser Reduktion der Moral auf Religion
handelt es sich ja um ein Aufklärungserbe, das unüber-
boten kraß in Kants Religionsdefinition sich aus-

spricht, wonach es sich bei der Religion um die „Erkenntnis aller unserer Pflichten als göttlicher Gebote"
handeln soll. Diese Identifizierung von Religion und
Moral ist für Säkularisierungsvorgänge besonders signifikant, weil sie religionsfreundlich daherkommt
und gerade in dieser Freundlichkeit religionskulturre-
volutionär den Blick auf die Wirklichkeit der Religion
verfehlt. Immerhin haben doch sogar von den Zehn
Geboten sogleich die ersten drei Gebote mit Moral gar
nichts zu tun und die großen und viele kleinere Feste
des christlichen Kirchenjahres auch nicht – von
Ostern über Pfingsten bis zum Fronleichnamsfest
oder dem Dreikönigstag. Auf die Erklärung dieser verblüffenden moralistischen Säkularisationsgestalt verbliebener Christlichkeit kommt es hier nicht an, wohl
aber auf Einspruch gegen die Meinung, Säkularisie-
rungsprozesse der skizzierten, nicht zuletzt in Europa
auffälligen Art seien religionskulturell eo ipso unver-
meidliche Folgen wissenschaftlicher, technischer und
sozialer Modernisierungsvorgänge, die die Religion
schwach und somit politisch unerheblich machen.

4.5 Säkularisierungsresistente Modernität
   oder die USA

Der Erwartung, Modernisierung marginalisiere die
Religion, steht das Faktum real existierender Gesellschaften entgegen, die beides zugleich sind: In jedem
kulturevolutionär relevanten Betracht hochmodern einerseits und andererseits bis in das öffentliche, ja politische Leben hinein von lebendiger religiöser Kultur
mitgeprägt. Die USA ist dafür das auffälligste und zugleich weltpolitisch wichtigste Beispiel, und darauf ha-

ben wir uns hier im Versuch einer Vergegenwärtigung
der aktuellen Interaktion von Politik und Religion zu
beziehen. Nicht, daß in der USA die Säkularisierung
im angedeuteten Sinne, die rückläufige öffentliche
Präsenz der Religion also, gar kein Thema wäre. Die
Pastorenklage über „the empty church" hat sich auch
dort erhoben, und der Kirchenmann, der die zitierte
Klage angestimmt hat, benennt auch gleich das Rezept
fälliger Gegensteuerung: Die Kirchen dürften sich
eben nicht mehr mit sozialen Aktivitäten aller Art ver-
zetteln, wie sie von weltlichen, religiös indifferenten
Einrichtungen auch geleistet werden können. Sie sollten vielmehr erneut die Gottesdienste in die Mitte ihrer Tätigkeit rücken, in denen die Gläubigen preisen
und danken, auch bitten und klagen sowie bekennen
können und somit das tun, was neben den Werken der
Nächstenliebe frömmigkeitshalber eben auch getan
sein will, und zwar an erster Stelle.

Wer sich die größere Säkularisierungsresistenz der
amerikanischen öffentlichen Kultur vergegenwärtigen
und zugleich erklärt haben möchte, müßte sich auch
bei sehr maßvollen Ansprüchen auf einige Vollstän-
digkeit auf ein Studium der Geschichte der USA einschließlich ihrer religionskulturell relevanten Verfas-
sungsgeschichte einlassen. Hier müssen wir uns mit einem signifikanten Detail begnügen, das geeignet sein
mag, uns exemplarisch vor Augen zu rücken, was insoweit die USA von Europa verschieden sein läßt. Ein
solches Detail ist die sogenannte Zivilreligion. Deren
Begriff, ursprünglich Europa entstammend und in der
zweiten Hälfte des 20. Jahrhunderts in den USA wirksam geworden, ist bekanntlich inzwischen als Wieder-
einbürgerungsgut auch in Europa akademisch rezipiert worden. Phänomene, für deren konzeptuelle

Bündelung in der Tat ein eigener Begriff zweckmäßig zu sein scheint, lassen sich exemplarisch rasch benennen, und die auffälligsten von ihnen sind längst auch den europäischen Amerikareisenden, ja den Mediennutzern bekannt – die Gebete des amerikanischen Präsidenten zum Beispiel, die er bei der Verabschiedung seiner Truppen zu Auslandseinsätzen spricht und bei ihrer siegreichen oder auch erfolglosen Heimkehr desgleichen. Ein anderer Fall von Zivilreligion wäre die Präsenz der Bibel zur Eidesleistung des Präsidenten bei seiner Angelobung durch den Chef des Höchstgerichts. Die Bekundung, eine „Nation under God" zu sein, hat in mannigfachen öffentlichen Zusammenhängen den Status einer rituellen Üblichkeit, und ein Papierstück mit dem inschriftlichen Ausdruck des Gottvertrauens geht alltäglich dem Amerikaner mehrfach bei Zahlungen mittels Bargeld durch die Hände, die Dollarnote nämlich.

Die aufgezählten und endlos fortsetzungsfähigen Exempel genügen schon, um plausibel zu finden, wieso kultur- und rechtsbewußte Europäer über dergleichen gern die Nase rümpfen. Die Zivilreligion erscheint als ein im öffentlichen Raum dann und wann vorkommender Religionsrest, demgegenüber man sich an die Kirche wenden möge, um zu hören, worum es sich bei der Religion in ihrer vollen Bedeutung denn wirklich handle. Andere Kritiker glauben, in der Zivilreligion des amerikanischen Typus den unzulänglichen Versuch zu erkennen, „innerhalb einer Gesellschaft oder Nation" eine „Wertgrundlage" mittels „Versatzstücken" oder ‚eigenen pseudoreligiösen Formen' zu entwickeln.

Indessen: Diese Abwehr der amerikanischen Spezialität „Civil Religion" beruht auf Mißverständnissen

europäischer Prägung. Die exemplarisch vergegenwär-
tigten Phänomene amerikanischer Zivilreligion sind
keineswegs „Versatzstücke" und auch nicht Religions-
relikte aus einer kulturellen Evolution vor ihrem säku-
larisierungsbedingt definitiven Verschwinden. Es handelt sich vielmehr um Bestände von konzeptueller
Prägnanz, und man lernt zu sehen, worum es sich handelt, wenn man sich zweierlei fragt – erstens, wieso
uns in der USA der Name Gottes selbst auf bescheide-
nen Ein-Dollar-Noten begegnet, obwohl wir uns doch
hier in einem Land befinden, in welchem seit 1791
dem Staat die Konstituierung einer Staatsreligion und
damit natürlich auch staatsreligionsanaloge Betätigung
strikt untersagt ist sowie komplementär dazu die staatliche Behinderung freier Religionsausübung desgleichen. Kurz: Die USA ist, religionsverfassungsrecht-
lich betrachtet, ein Trennungssystem. Entsprechend
stellt sich die Frage, wieso unbeschadet der verfas-
sungsrechtlich verfügten strikten Trennung von Staat
und Kirchen der amerikanische Präsident in Amtsaus-
übung beten kann und ihm bei der Amtseidesleistung
die Bibel als Staatsritenrequisit gereicht wird. Überdies
muß man sich komplementär dazu fragen, wieso es
in Europa selbst in Ländern mit religionsfreund-
lichen staatskirchenrechtlichen Systemen mit ihren
privilegierten Großkirchen wie in Deutschland,
Österreich oder in etlichen Schweizer Kantonen
öffentliche Präsidentengebete unüblich, ja undenk-
bar sind.

Es handelt sich bei diesen Unterschieden nicht um
kontingente Beiläufigkeiten. Es handelt sich vielmehr
um Bestände, die für tiefreichende historisch bedingte
Differenzen im kulturellen und politischen Zuordnungsverhältnis von Religion und Politik signifikant

sind, und wiederum sind es Geschichten, die uns diese Differenzen erklären können. Man vergegenwärtige sich die religiösen Motive, die sogar noch im 19. Jahrhundert Ströme europäischer Emigranten in die USA lenkten. Noch in den dreißiger Jahren des 19. Jahrhunderts setzten die preußischen Oberbehörden Militärgewalt ein, um widersetzlichen Alt-Lutheranern, die sich mit den Reformierten zu einer Unionskirche nicht vereinigen lassen wollten, ihr Gotteshaus zu entreißen. Der unionsunwillige Pfarrer wurde entlassen, und von Teilen seiner Gemeinde begleitet fand er, wie zahllose Bedrängte und Verfolgte aus den europäischen Hoch- und Staatskirchentümern zuvor auch schon, in der neuen Welt eine Zuflucht. „Modern" gemäß den alt-aufgeklärten Emanzipationsidealen, die in der europäischen, nachwirkenden Intellektuellengeschichte einmal Geltung hatten, wird man die Alt-Lutheraner nicht nennen wollen. Sie verweigerten Dialoge, beharrten vielmehr dispositionsunbereit auf ihrem Bekenntnis und dementierten so die königliche Idee, daß Abbau von herkunftsbedingten vermeintlichen Unvereinbarkeiten mittels diskursiv erzeugtem Konsens die kommunikative Einheit auch des politischen Gemeinwesens kräftigen werde. In der Neuen Welt angekommen, fanden sie, was sie brauchten: eine öffentliche Ordnung, in der es jene Obrigkeit nicht mehr gab, die über die Autorität und das Recht verfügt hätte, den Bürgern in Angelegenheit ihres Gebetsbuchs oder ihrer Gottesdienstagende hineinzureden. Auch der Gefahr, ihren angeblich altväterlich beschränkten Glauben zugunsten eines revolutionär exekutierten Kults der universellen Vernunft aufgeben zu sollen, unterlagen sie, anders als gute vierzig Jahre zuvor in Europa die Untertanen der Jakobinischen

Emanzipationsdiktatur, schlechterdings nicht. Sie existierten nun, in die USA gelangt, frei, auch religionsfrei, und der Lebenssinn dieser Freiheit war von einer weiterer Aufklärung nicht bedürftigen pragmatischen Evidenz. Entsprechend wurden aus befreiten Gläubigen alsbald Patrioten des Landes, in welchem die Freiheit, statt sich im Kampf gegen die Geltungsansprüche des Glaubens zu konstituieren, ihnen diente. Die Menschenrechte gewannen entsprechend politische Lebenskraft nicht als Ideal herkunftsemanzipierter Freigeister, vielmehr aus den trivialen, nämlich elementaren Lebensinteressen der Frommen.

Man kann die skizzierten Zusammenhänge auch unter Verwendung des Begriffs der Säkularisation beschreiben. Selbstverständlich hat dann das amerikanische Religionsrecht als Recht einer uneingeschränkt säkularisierten Staatsordnung zu gelten. Wer dem Glauben, den der Gläubige als wahren Glauben bekennt, seinen Rechtsvorrang entzieht, mindert eben damit in wohlbestimmter Hinsicht den öffentlichen Rang dieses Glaubens und unterwirft ihn der Geltung eines vollsäkularisierten Rechts uneingeschränkter Gleichstellung aller Bekenntnisansprüche. Eben aus diesem Grund hatte Pius XII. noch im Jahre 1953 dem Rechtsinstitut der Religionsfreiheit die kirchliche Anerkennung verweigert und auf Toleranz als auf das gebotene Medium zur Moderation von Glaubenskonflikten verwiesen. Das war europäisch gedacht. Indessen: „American culture is characterised by the coexistence of the secular and the religious" – so hat es David D. Hall gesagt, und nicht zuletzt den amerikanischen Katholiken ist das zugute gekommen. Sie konnten so sich zur stärksten in der Vielzahl amerikanischer Religionsgemeinschaften entwickeln, was ihnen

unter einem nicht-katholischen amerikanischen
Staatskirchentum, das ja historisch gleichfalls seine
Parteigänger gehabt hatte, schwerlich möglich gewesen wäre. Das brachte zur Evidenz, daß das zentrale
Institut säkularer politischer Ordnung, die Religionsfreiheit eben, statt Gegenstand einer idealen Verpflichtung aus irritierender, aber leider unaufhaltsa-
mer Modernität zu sein, ein Institut der Förderung der
Interessen der Kirche selber ist. Die förmliche Anerkennung dieses Instituts durch das zweite Vatikani-
sche Konzil war die Konsequenz dieser Einsicht. Entsprechend nimmt man inzwischen gern auch im Rückblick auf die europäische Säkularisationsgeschichte
zur Kenntnis, daß der Entzug politischer Herrschafts-
rechte die Kirche nicht beraubt, vielmehr entlastet hat
und damit die Entfaltung religiösen Lebens, wie sie für
das 19. Jahrhundert charakteristisch ist, begünstigt.

Wo die Freiheiten des säkularen öffentlichen
Rechts einschließlich der Freiheit der Religion, statt
herrschender Religion abgerungen zu sein, ihre öffentliche Anerkennung und Geltung nicht zuletzt den
religiösen Interessen selber verdanken, gibt es auch
für den Rückzug des religiösen Lebens aus dem öffentlichen, ja aus dem politischen Leben gar kein Mo-
tiv. Das bedeutet: Die Repräsentanten des politischen
Lebens, zumal wenn sie ihr Amt nicht zuletzt dem hohen Anteil der Frommen unter ihren Wählern zu verdanken haben, sehen gar keinen Anlaß, ihre eigene
Prägung durch eine gute Religion vor der Öffentlichkeit zu verstecken. Daß die Religion zum privaten und
öffentlichen Leben des Landes gehörte, wird somit
von den Repräsentanten des Landes mitrepräsentiert,
und eben das erklärt, wieso der amerikanische Präsident öffentlich beten kann, ja daß solche Gebete bei

den in der Politik stets naheliegenden Anlässen dazu sogar erwartet werden. Der Präsident gibt eben beim Einzug ins Weiße Haus seine Religion nicht an der Pforte als öffentlich irrelevante Privatsache ab, um sie am Ende der Wahlperiode abzuholen und im Privatleben sich ihr wieder uneingeschränkter zuzuwenden. Er repräsentiert doch sein Land in jeder Hinsicht, und es erschiene lebensfremd, wenn just dabei die Religion unsichtbar bliebe.

Wieso also sind demgegenüber die Präsidenten in Europa gehalten, ihre Religion, statt sie frei zu bekunden, diskret zu beschweigen? Eine Antwort unter vielen, die zu einer vollständigen historischen Erklärung der in Kontinentaleuropa vergleichsweise reduzierten politisch-öffentlichen Präsenz der Religion gehören würden, könnte lauten: Zum historischen Hintergrund der meisten europäischen Staaten gehören Traditionen von Staatskirchentümern, deren religionskonfliktträchtige bürgerliche Verbindlichkeit in friedenssichernder Absicht zugunsten friedensverbürgender allgemeiner Freiheit der Religion bis hin zur Abschaffung der Staatskirchen aufgegeben werden mußte. Zur konsequenten institutionellen Trennung von Staat und Kirchen kam es im sogenannten Laizismus, was die Staatsrepräsentanz zwang, religionskulturell purgiert aufzutreten. In den Ländern mit Staatskirchenrechtssystemen hingegen entwickelten sich Formen religionsfreundlich privilegierter öffentlich-rechtlicher Verselbständigung ehemaliger Staatskirchen. Der Effekt ist, daß die Staatsrepräsentanz zur Bekundung ihrer Glaubens- und Bekenntnisneutralität sich zivilreligiöser Aktivitäten auch hier zu enthalten hat. Allfällige öffentliche Gebete, die man bei Staatstraueranlässen doch für sachangemessen hält,

bleiben entsprechend respektvoll exklusiv Sache der
Zuständigkeit hinzugebetener Bischöfe. Daß tatsächlich unter dem Druck der Lebenswirklichkeit auch der
laizistische Staat immer wieder einmal nicht umhin
kommt, die religiöse Verfassung der von ihm mitre-
präsentierten öffentlichen Kultur zu bekunden, darf
man dabei nicht übersehen. Längst ist der Laizismus
nicht mehr, wofür man ihn zumal in den nicht-laizisti-
schen Ländern zu halten pflegt – weder in Frankreich
noch in der Türkei.

4.6 Amerikanischer Fundamentalismus, alt-europäischer Realismus? Religion als Faktor internationaler Beziehungen

Die insoweit skizzierten Unterschiede zwischen den
religionsrechtlichen Systemen diesseits und jenseits
des Atlantiks sind politisch folgenreich. Der jüngste
Balkankrieg lehrt es. Die Probleme, die sich auch für
den Balkan aus dem Zerfall des real existent gewesenen Sozialismus ergeben mußten, gehörten um die
Wende der achtziger zu den neunziger Jahren, wie der
Historiker Arnold Suppan feststellte, zunächst „weder
in Bonn noch in Brüssel, weder in Paris noch in
London, weder in Moskau noch in Washington" zu
den vorrangigen Herausforderungen internationaler
Politik. Das sollte sich unter der drohenden Auflösung der jugoslawischen Föderation ändern. Deutschland und Österreich anerkannten alsbald die Souveränität der Separationsstaaten Slowenien und Kroatien.
In Frankreich, auch in Großbritannien, hielt man das
für einen Fehler und tadelte es – teils in politischer
Nachwirkung des Prinzips der Unteilbarkeit der Nati-

on und ihrer Souveränität, teils aus pragmatischer Besorgnis neuer politischer Ungleichgewichte, die mit Separationsvorgängen verbunden sein können. Überdies gab es auch noch das historisch begründete Interesse, die europäische Ordnung, die man am Ende des Ersten Weltkriegs in den Pariser Vorortverträgen für sinnvoll gehalten und fixiert hatte, möglichst nicht desavouiert zu finden. Eben das hat dann auch die serbische Regierung annehmen lassen, man werde sie in ihrem Versuch nicht hindern, aus dem alten Jugoslawien ein um Slowenien und einen Kroatien-Rest verkleinertes Groß-Serbien zu machen.

Es war die Brutalität, mit der dieser Versuch exekutiert wurde, die dann die Staatengemeinschaft einschließlich der alteuropäischen West-Alliierten auf die Unaufhaltsamkeit separatistischer Verselbständigungen sich einstellen ließ – so schließlich im Bosnien-Konflikt. Und beim Entschluß zur Aufbietung der militärischen Gewalt, die Serbien zwang, sich seinerseits damit abzufinden, haben in der Tat auch religionspolitische Aspekte eine Rolle gespielt. Die USA erwiesen sich als das Land der größeren Empfindlichkeit für die weltpolitischen Dimensionen der Sache. Ich erinnerte an die symbolisch gemeinte Zertrümmerung der Gazi-Husrev-Beg-Moschee in Sarajevo durch die serbische Artillerie. Inzwischen ist diese Moschee „mit Unterstützung Saudiarabiens wieder aufgebaut worden". Das ist seinerseits ein hoch symbolischer Vorgang. Er belegt das Interesse, mit der die islamische Welt auf die Auseinandersetzungen im balkanischen Europa aufmerksam war. Man erinnert sich auch an den Besuch der beiden Damen Çiller und Bhutto, also der Mitte der neunziger Jahre amtierenden Ministerpräsidentinnen der beiden größten und zugleich militär-

stärksten islamischen Länder diesseits Indonesiens in
Sarajevo. Die Frage war, ob Europa und darüber hinaus der Westen die Liquidation der letzten religionskulturellen Reste des Osmanischen Reiches westlich
der heutigen Türkei hinnehmen werde. Die nahostpo-
litischen Folgen der Glaubwürdigkeitsverluste, die mit
einer Duldung der Säuberung Bosniens von Relikten
selbstbestimmungsfähiger islamischer Kultur zwangsläufig verbunden gewesen wären, hätten natürlich in
erster Linie die USA als die im Nahen Osten sicherheitspolitisch einzig uneingeschränkt handlungsfähige
Macht belastet. Entsprechend starteten Ende August
und Anfang September 1995 vom Flugzeugträger
„Theodore Roosevelt" gemäß NATO-Beschluß
Kampfbomber der USA und erzwangen für Sarajevo
durch Liquidation der um diese Stadt herum postier-
ten Artillerie den Frieden.

Der Vorgang wiederholte sich dann in analoger
Weise später noch einmal, als Serbien im Vertrauen
auf westeuropäisches Interesse an seiner Unteilbarkeit
vermeinte, sich auf das ultimative Verlangen der Ram-
bouillet-Konferenz vom Februar 1999, den muslimi-
schen Einwohnern des Kosovo endlich Selbstbestimmungsrechte zu gewähren, nicht einlassen zu müssen.
Es war dann die NATO, die mit ihren primär von den
Amerikanern gestellten militärischen Mitteln das Ende
des serbischen Versuchs erzwang, im Kosovo die religionskulturellen Langfristwirkungen der Schlacht auf
dem Amselfeld zu revidieren.

In der politischen Quintessenz bedeutet das: Kom-
petenter als die Führungsmächte der heute in der Europäischen Union sicherheitspolitisch schwach miteinander kooperierenden Länder Alt-Europas erwies
sich in der Handhabung der jüngsten Balkankrise die

USA. Dabei beruhte diese größere Kompetenz nicht allein auf der Verfügung über ausreichende militärische Mittel, vielmehr zugleich auf der erfahrungsgesättigten Einsicht in eine modernitätsspezifische Friedensbedingung. Es handelt sich um die Erfahrung, daß im Konfliktfall die politische Gewährleistung von Selbstbestimmungsrechten wichtiger als der separationsvorbeugende Schutz bedrohter staatlicher Einheit ist, und das insbesondere dann, wenn der fragliche Selbstbestimmungswille vom Interesse an der Erhaltung und Verlebendigung einer bedrohten religionskulturellen Identität mitgeprägt ist.

In der Orientierung an diesem Grundsatz war die Politik der USA in der Balkankrise zukunftsfähiger als die politischen Optionen, von denen sich maßgebende Länder in der Europäischen Union zunächst leiten ließen. Entsprechend gilt heute im Rückblick diese Phase der Bemühungen der Union, sich außen- und sicherheitspolitisch als handlungsfähig zu erweisen, auch gemeinhin nicht als rühmlich. Indessen: Für den zweiten Irak-Krieg gilt etwas anderes. In Teilen der Weltöffentlichkeit und zumal in der Mehrzahl der kontinentaleuropäischen Länder hat sich die Meinung verfestigt, daß die völkerrechtliche Legitimität dieses Krieges zweifelhaft sei, und wer als Laie dazu besonnene Experten befragt, gewinnt kein anderes Bild. Dabei darf man sicher sein, daß der völkerrechtliche Aspekt der Sache sich nicht einmal in den Vordergrund drängen würde, wenn die Liquidation des Saddam-Regimes rasch zu einem durchschlagenden Erfolg im Kampf gegen den Groß-Terror geführt hätte. Eben davon kann aber bislang keine Rede sein. Wenn das so bliebe, so könnte das im politischen Aspekt der Sache heißen, daß die amerikanische Entscheidung für den Krieg – um es in Aufnahme eines Zynismus von Talleyrand zu sagen – schlimmer als ein Rechtsverstoß war, nämlich ein Fehler. Dabei hätte man freilich zugleich zu berücksichtigen, daß mit der globalisierungsabhängig wachsenden Bedeutung des Völkerrechts auch die politischen Schadensfolgen von Verstößen wider es wachsen.

Aber was ist die richtige politische Antwort auf die neuen Herausforderungen des seinerseits global gewordenen Groß-Terrors? Ersichtlich genügt es zur Beantwortung dieser Frage nicht zu sagen, daß es sich in jedem Fall um eine in ihrer völkerrechtlichen Legitimität unzweifelhafte Politik handeln müsse. Die internationale Politik ist auf der Suche nach einer Strategie, die nach Kriterien der Zweckrationalität antiterroristisch erfolgreich sein könnte, und dazu gehört selbstverständlich auch der religionspolitische Aspekt der Sache. Immerhin war es ein „Krieg gegen den Großen Satan", der mit dem Angriff auf die USA im September 2001 eröffnet sein sollte, und die Dimensionen des Eröffnungsschlages erreichten die der Katastrophe von Pearl Harbor im Dezember 1941. Mit einiger Verblüffung nimmt man entsprechend zur Kenntnis, daß prominente europäische Groß-Intellektuelle und auch sonstige Repräsentanten des öffentlichen Lebens die amerikanische Reaktion auf diese Herausforderung nun ihrerseits als voraufgeklärtes Gotteskriegertum qualifizierten. Moderat ist noch die Feststellung Hans Küngs, man müsse den Präsidenten Bush „als Fundamentalisten" bezeichnen. Gemäß Walter Jens hat man sich in der Klage über die Politik der Ayatollahs bislang wohl in der Adresse geirrt: „Bush – das ist der Ayatollah. Ein Mann, der auf ‚christlicher' Basis einen heiligen Krieg zu führen versucht." Der promi-

nente und verdiente deutsche Kirchenmann Manfred
Kock bekundete „furchtbare Angst" – das aber nicht
über den nahgerückten Groß-Terror der islamistischen Gotteskrieger, vielmehr über den „religiösen
Fundamentalisten" im amerikanischen Präsidenten-
amt, der glaube, eine religiöse Mission erfüllen zu
müssen. Auch der bekannte Politiker aus der deutschen Christlich-Demokratischen Union, Heiner
Geißler, hält zur Charakteristik von George W. Bush
den Neologismus ‚christlicher Ajatollah', der einen
„Kreuzzug" plane, für angemessen. Ein evangelischer
Kirchenpräsident beklagt die amerikanische Absicht,
„das Böse zu bekämpfen", und ein bekannter Theolo-
ge identifiziert als geistigen Hintergrund der amerikanischen Politik, „nebst Cäsaropapismus", „Freund-
Feind-Denken".

Den Mangel an Verständnis dessen, worum es sich
im Extrem- und Ernstfall bei der Politik handelt, mag
man auf sich beruhen lassen. Immerhin waren doch
die Amerikaner Objekt eines Angriffs gewesen, der sie
über dreitausend Tote gekostet hatte. Das Subjekt eines solchen Angriffs pflegt man doch, auch nach alt-
europäischer Überlieferung, einen „Feind" zu nennen,
und die neuerdings verbreitete Art, das für eine Manifestation bedauerlichen „Freund-Feind-Denkens" zu
halten, dürfte exklusiv deutsch sein.

Nicht hier liegt das tatsächlich bislang ungelöste
Problem, vielmehr in Mängeln der für strategische und
taktische Zwecke ausreichenden Identifizierung und
Charakteristik des Feindes. Gravierender noch und bis
in die religiösen Dimensionen menschlicher Lebensverfassung reichend ist die in den zitierten US-kriti-
schen Stimmen sich bekundende Weigerung, die Unterscheidung von Gut und Böse überhaupt politisch

für relevant zu halten. Da hatten doch nun die Amerikaner ihren mitentscheidenden Beitrag zum Sieg der Alliierten im Zweiten Weltkrieg geleistet, der vom Regime der Nationalsozialistischen Deutschen Arbeiterpartei ausgelöst worden war, sie hatten sich überdies als schließlich siegreiche Schutzmacht der freien Länder im Kalten Krieg gegen den bolschewistischen Internationalsozialismus bewährt –: Wie hätte das alles ohne einige Sicherheit im Urteil über die weltpolitische Verteilung von Gut und Böse möglich sein können? Gewiß: In der jetzt fälligen Abwehr des weltweit terroristisch aktiv gewordenen islamistischen Extremismus sind die Fronten, an denen der Abwehrkampf mit guten Erfolgsaussichten geführt werden könnte, weniger leicht als in vergangenen Kriegen zu identifizieren. Aber schließlich ist doch schon jedes Geiselbefreiungsunternehmen, jede Entschärfung rechtzeitig entdeckter Sprengsätze, ja die schlichte Bewachung bedrohter UNO-Quartiere und humanitärer Einrichtungen eine Sache auf Leben und Tod, und es bleibt eine befremdliche Vorstellung anzunehmen, man könne im politischen Lebenszusammenhang Bürgern, Soldaten nämlich, ohne einige Gewißheit über die hier jeweils gegebenen Grenzverläufe zwischen Gut und Böse ihre gefährlichen Einsätze zumuten. „Einige Gewißheit" – das schließt verbliebene Ungewißheiten ein, und allein deswegen schon bleibt es rational, bei solchen Einsätzen überdies noch Gebetshilfe in Anspruch zu nehmen.

Die exemplarisch zitierte, diffamierend gemeinte Kritik an der in der Tat unübersehbar zivilreligiös konnotierten amerikanischen Politik verkennt generell die auch in unserem Jahrhundert nicht getilgten, ja neu scharf gewordenen politischen Potentiale der Religion. Sie verkennt überdies speziell die historischen Gründe, die in den USA die Religion als einen Faktor unseres öffentlichen und politischen Lebens sichtbarer als in Europa sein lassen. Ein schlichter Irrtum wäre es schließlich anzunehmen, es sei eben eine biographisch erklärbare, sozusagen marottenhafte Art des amtierenden amerikanischen Präsidenten, Gott für eine politisch relevante Instanz zu halten. Es handelt sich vielmehr generell um ein amerikanisches Phänomen, und liberale demokratische Präsidenten, die intellektuellen europäischen Konservativismus-Vorwürfen nicht ausgesetzt waren, sind nicht anders verfahren. Auch für Bushs Amtsvorgänger Clinton gilt das – zum Beispiel bei Gelegenheit seiner Beicht- und Bußreden in mehreren afrikanischen Ländern die „Sünde", wie er sagte, der amerikanischen Sklavenfängerei betreffend. Regelmäßig beschloß der Präsident diese Reden mit dem frommen Wunsch „God bless you".

Ein besonders grobes Mißverständnis wäre es schließlich, wenn man fände, wegen des vermeintlichen Kreuzzugscharakters ihrer Kriege provozierte die USA eine politische Frontenbildung zwischen dem Christentum einerseits und dem Islam andererseits. In der singulären Pluralität religiöser Gemeinschaften, die die amerikanische Kultur prägen, ist man zugleich in der Kunst, sich zu Leuten anderer kultureller Prägung in Beziehung zu setzen, sehr erfahren, und auch in der Verpflichtung, der inzwischen Fluggesellschaften unterworfen wurden, die Religionszugehörigkeit ihrer Passagiere zu erfragen, wurde ja nicht unterstellt, Muslime seien eo ipso Glieder einer terrorbereiten Glaubenskommunität. Die Sache hatte vielmehr eine erläuterungsunbedürftige abwehrtechnische Rationalität. Es ging darum, terroristische Sektierer ausfindig und damit von anderen Muslimen unterscheidbar zu machen. Die weltöffentliche Demonstration der Nötigkeit eben dieser Unterscheidung gehörte bereits zu den frühesten Reaktionen des amerikanischen Präsidenten auf die Nachricht von den Anschlägen auf New York und Washington, nämlich durch den Besuch einer Moschee. Auf einen außenpolitischen Grundsatz im Kampf gegen den islamistisch inspirierten Terror gebracht heißt das: Es bedarf intensivierter Kooperation mit den islamisch geprägten Ländern in der Absicht, sie bei der internen Abwehr des islamistischen Extremismus zu unterstützen und zuvor noch ihr Eigeninteresse, das sie zu dieser Abwehr bewegen sollte, zu erwecken.

Die begünstigenden oder auch erschwerenden Umstände einer durch diesen Grundsatz geprägten Politik liegen auf der Hand, sind jedenfalls hier nicht mehr darzustellen. Man hätte sich dabei speziell mit der Türkei zu beschäftigen, nämlich in ihrer Rolle als ein islamisches Land mit einer modernen, freilich emendationsbedürftigen religionsrechtlichen Verfassung, die auch die aktuelle Renaissance des Islams auszuhalten scheint. Man hätte sich Ägypten zuzuwenden, wo ja nicht nur die Moslembruderschaft entstanden ist, vielmehr die von wirkungsreichen Intellektuellen entwickelte Theorie eines islamischen Säkularismus gleichfalls. Die aktuelle Lage in Afghanistan bliebe zu analysieren, wo die USA, fern von missionarischem Eifer der Verbreitung westlicher öffentlicher Ordnung, sogar bereit zu sein scheinen, eine moderate, nämlich zur Abwehr von religiösen Extremismen bereite Gottesstaatsherrschaft zu akzeptieren. Dabei versteht sich, daß eine Außen- und Sicherheitspolitik

in Konfliktlagen, die über sonstige Gegensätze hinaus
zugleich auch religiös aufgeladen sind, erfolglos bleiben, ja konfliktverschärfend wirken würde, wenn sie
versuchen wollte, den verlorenen oder bedrohten
Frieden neu auf das Fundament dialogisch erarbeiteter
religiöser Gemeinsamkeiten zu gründen.

Solche Dialoge pflegen schon bei Versuchen, auf
diese Weise lokale Nachbarschaftsverhältnisse zu ver-
bessern, zu scheitern, und ein professioneller Dialog-
veranstaltungsexperte beschreibt, wie dergleichen
heute zumeist abläuft: „Zunächst wird den nicht-mus-
limischen Zuhörern von muslimischer Seite erklärt,
daß sie erstens zu wenig und zweitens nur Falsches
über den Islam wissen. Anschließend erfahren sie, daß
dieses Un- und Halbwissen zu Diskriminierung und
Ausbeutung geführt habe, und daß der Islam derlei
Behandlung nicht verdiene. Schließlich wird der
schuldbewußte Zuhörer darüber aufgeklärt, daß Islam
Frieden bedeute und unverbrüchlich mit Begriffen wie
Toleranz, Gerechtigkeit und Demokratie verbunden
sei. Den Schluß bildet in der Regel der Verweis auf die
Gemeinsamkeiten aller Religionen und ein glühendes
Plädoyer für den Dialog zwischen ihnen." Der Dialog
mit dem Islam reproduziere „sich nach diesem Sche-
ma immer wieder selbst".

Wahr bleibt, daß Konflikte, mit denen sich nicht leben läßt, selbst und gerade wenn sie sich bis zu Ge-
waltsamkeiten steigern, schließlich Gespräche erzwingen. Aber der Zweck dieser Gespräche ist alsdann gerade nicht, endlich aus Glaubensdifferenzen einen
Konsens zu machen. Vielmehr handelt es sich darum,
einen Zustand unlebbaren Unfriedens durch Einigung
auf institutionell gesicherte Regeln der sozialen und
politischen Koexistenz des inhaltlich Unvereinbaren

zu beenden. Solche Koexistenzregeln minimalisieren
den Konsensbedarf. Ihre Geltung erwächst nicht aus
dem Willen zur Glaubenseinheit, vielmehr aus der
schmerzlichen Erfahrung der Unmöglichkeit, ohne sie
leben zu können. Wahr ist wiederum, daß der neue
Groß-Terror von Tätern exekutiert wird, die koexi-
stenzdesinteressiert sind und durch die Tat bekunden,
lieber gar nicht leben zu wollen, sofern sie mit ihrem
Sterben zum Triumph ihres Glaubens beitragen könnten. Dagegen ist überhaupt kein Argument verfügbar.
Hier hilft langfristig einzig die Aufrechterhaltung einer politischen Ordnung, die der Selbstaufopferungs-
bereitschaft der Fanatiker nicht nachgibt und ineins
damit den Überlebenden die Hoffnung nimmt, die als
Märtyrer verehrten Selbstmordzeugen des wahren
Glaubens könnten schließlich doch gesiegt haben.

Die Räson des Friedens, der sich auf diese Weise
herstellt, ist den Europäern aus der Geschichte der
konfessionellen Bürgerkriege vertraut. Soweit es sich
bei den aktuellen Zusammenstößen zwischen dem
neuen Groß-Terror einerseits und den noch strategisch unerprobten Versuchen des Kampfes gegen ihn
tatsächlich um einen sogenannten Zusammenstoß
von Kulturen und damit um einen weltbürgerkriegs-
analogen Konflikt handelte, wären machtmäßig wie
intellektuell gegenwärtig die Amerikaner besser als die
Europäer gerüstet, die dieser Lage entsprechende
Weltfriedensräson zu vertreten und ihr Geltung zu
verschaffen. Dabei wird sich trivialerweise auch der
dieser Räson entsprechende Friede dauerhaft nicht
auf militärische Dominanz, vielmehr, wie jeder Friede,
einzig auf wechselseitige Anerkennung seiner Bedingungen stützen können. Das setzt innerislamische Sä-
kularisierungsprozesse voraus, und es gibt diese Pro-

zesse ja längst. Davon war die Rede. Hat man verstanden, wieso Säkularisierung modernitätsabhängig das religiöse Leben begünstigt statt es aufzulösen, dann darf man auch erwarten, daß die Religionen, und zwar alle konfligierenden Religionen, den Frieden, der aus der politischen und rechtlichen Geltung der Bedingungen der Koexistenz dessen resultiert, was die Religionen unvereinbar macht, ihrerseits als einen Frieden anerkennen, der alles enthält, was man billigerweise hienieden von einem Frieden erwarten darf. Insoweit wäre es sogar möglich, diesen Frieden, der von einem Element des Nicht-Kriegs niemals ganz frei sein wird, religiös zu legitimieren. Die Christen sind damit, in Rekurs auf die Bibel, seit langem vertraut. Aber auch einschlägige Rekurse auf den Koran sind selbstverständlich möglich – auf Sure 109, Vers 6 zum Beispiel, wo es heißt: „Ihr habt eure Religion, und ich die meine."

5 Die Zivilisationsökumene. Nachwort zu einem ungewöhnlichen Titelwort

„Zivilisationsökumene" ist ein ungebräuchliches Wort, und Neologismen sollte man meiden – es sei denn, es gäbe für die Verwendung des neuen Wortes einen guten Grund. Einen solchen Grund hat man, wenn man für neue, unabweisbar gewordene Unterscheidungs- und Zuordnungszwecke einen neuen Begriff benötigt, der dann seinerseits auch mit einem neuen Begriffsnamen gekennzeichnet sein will. In den Wissenschaftssprachen ist das der gewöhnliche Fall des Gebrauchs neuer Termini. Aber dieser Fall liegt hier nicht vor. „Zivilisationsökumene" wird hier vielmehr als verbales Äquivalent für „Weltgesellschaft" verwendet. „Weltgesellschaft" ist ein gebräuchlicher Begriffsname seit Jahrzehnten, und er steht für das Resultat globaler Ausbreitung der modernen wissenschaftlich-technischen Zivilisation.

Die sich globalisierende Zivilisation nun eine „Ökumene" zu nennen – das soll den Blick auf einige spezielle Aspekte der Sache lenken. Der Begriff der Ökumene ist ein Begriff christlich-theologischer Herkunft und Disziplin. Was rechtfertigt den Transfer dieses Begriffs in die Kulturphilosophie? Benötigt wird ein Begriff, der schon in seinem Namen die ex-

pansive, weltumspannende Kraft, ja den universellen
Anspruch der modernen Zivilisation hervorhebt. Der
Begriff der Ökumene bietet sich dafür an. Die christlichen Kirchen, ökumenisch organisiert, sind es ja gewöhnt, sich erdkreisumspannend zu orientieren. Sie
sind es in der Konsequenz des universellen Anspruchs
der Botschaft, die sie zu verkünden haben. Der römische Papst, der wie kein anderer Papst der Kirchengeschichte zuvor der Welt als reisender Papst präsent
bleiben wird, hat seine Visitationen bis in alle Erdteile
hinein ausgedehnt. Er ist auch der erste Papst, der,
nämlich in Assisi, eine Ökumene nicht von Repräsentanten christlicher Konfessionen und Kirchen, vielmehr eine Ökumene von Repräsentanten der Weltreligionen versammelte. Das historische Faktum, daß der
Missionserfolg der christlichen Religion in der neue-
ren Geschichte von der Kolonialgeschichte und damit
von der imperialen Machtausbreitung von Staaten
christlicher Herkunftsprägung unabtrennbar ist, ver-
schlägt dabei nichts. Für die Gegenwart muß als maßgebend gelten, daß es heute eben auf allen Kontinen-
ten christliche Kommunitäten gibt, die sich als solche
zu erhalten, ja missionspraktisch auszubreiten wünschen.

In der Quintessenz heißt das: Ökumene – das ist
die kulturelle, ja institutionelle Manifestation eines
Anspruchs und Angebots von universeller Reichweite.
Daß das Christentum oder auch eine andere Univer-
salreligion, die sich für alle Menschen zuständig weiß,
universelle Geltung fände – davon kann selbstverständlich keine Rede sein, und das Religionskapitel
dieses Buches beschreibt, was statt dessen der Fall ist.
Weltumspannend legt sich die wissenschaftlich-technische Zivilisation über den kontingenten Pluralismus

der religiösen und sonstigen Herkunftskulturen dieser
Erde, und selbst noch die neuen terroristischen Fun-
damentalismen bedienen sich wirksam der Instrumen-
te der modernen Zivilisation – ihrer Waffen und
Kommunikationstechnologien, ihrer Ausbildungseinrichtungen und ihrer Mittel der Beeinflussung öffentlicher Meinung. Die Herkunftskulturen und Glau-
bensgenossenschaften bleiben fraktioniert. Die Zivili-
sationsgenossenschaft hingegen universalisiert sich.
Das ist es, was es nahelegt, sie als die einzige Ökumene
zu kennzeichnen und so herauszuheben, die sich progressiv erdkreiserfüllend durchgesetzt hat.

Das erzwingt die Frage nach den Faktoren und
Kräften, denen die moderne Zivilisation, als eine nach
ihren Ursprüngen westliche Zivilisation, ihre univer-
salisierende Kraft verdankt. Für die Vorstellung, daß
aus der Welt, in der wir leben, jemals eine konfessio-
nell christlich geprägte Welt werden könnte, gibt es in
der Realität keinerlei Anknüpfungspunkt. Aber zur
zeitgenössischen Realität gehört doch eben auch, daß
just diejenige Kultur, die herkunftsmäßig durch eine
Religion universellen Anspruchs geprägt ist, zugleich
die Herkunftskultur einer Zivilisation von historisch
singulärer Ausbreitungskraft ist. Die Kennzeichnung
„Zivilisationsökumene" hält diese Zusammenhänge
verbal präsent. Sie möchte zugleich den Blick dafür
öffnen, daß der Prozeß der zivilisatorischen Globalisierung nicht nur die Oberflächen unserer Lebensverbringung berührt. Die nachrichtentechnische Integration des Globus hat gewiß ihre banale Seite, und für
die progressive Entgrenzung der Kapitalmärkte gilt
Analoges. Aber die Rückwirkungen und Nebenwir-
kungen der Globalisierung berühren die Kulturen in
ihren tiefen Schichten bis hin zur religiösen Verfas-

sung dieser Kulturen, und auch das ist mitgemeint, wenn hier die wissenschaftlich-technische Zivilisation mit Hilfe eines theologischer Disziplin entnommenen Begriffs als eine Zivilisation ökumenischen Charakters beschrieben wird.

Dabei verbindet sich mit dem Terminus „Zivilisationsökumene" keineswegs eo ipso eine kulturkritische Tendenz. Die zumal in der deutschen Philosophie traditionsreiche Unterscheidung von Zivilisation und Kultur sollte man allerdings beibehalten und nutzen. Aber man sollte sie zugleich trivialisieren – zum Beispiel gemäß den wohletablierten Lesegewohnheiten von Medienkonsumenten, die in nützlicher und insoweit problemloser Unterscheidungsgewohnheit sich durchs Feuilleton über kulturelle Ereignisse informieren lassen, durch den Wirtschafts- und Börsenteil sowie durch die Technikbeilagen hingegen über aktuelle Vorgänge, die zur zivilisatorischen Seite unserer modernen Lebensverbringung gehören. Die Thematisierung der Interaktionen wiederum wäre Sache eines gescheiten Feuilletons, und politische Kraft entfaltet dabei von der Kultur über die Wissenschaft und die Technik bis hin zu den Finanzmärkten einschließlich der mannigfachen Interaktionen zwischen diesen Bereichen alles, was die Menschen massenhaft bis hin zur Formierung bewegender, ja entscheidungsfähiger Mehrheiten ergreift.